U0901761

阿米巴经营**坤道**

象之万千**多变**，药之毫厘微差

中医**辨证**施法，经营**神髓**相通

人之**阴阳**平衡，企之循序渐进

阿米巴经营之道

詹承坤 著

用中医的千年智慧重悟阿米巴经营真谛

中华工商联合出版社

图书在版编目（CIP）数据

阿米巴经营之道 / 詹承坤著 . -- 北京 : 中华工商联合出版社 , 2020.2

ISBN 978-7-5158-2706-3

Ⅰ. ①阿… Ⅱ. ①詹… Ⅲ. ①企业经营管理－研究 Ⅳ. ① F272.3

中国版本图书馆 CIP 数据核字 (2020) 第 009163 号

阿米巴经营之道

作　　者：詹承坤
责任编辑：于建廷　效慧辉
责任审读：傅德华
营销总监：姜　越　闫丽丽
营销企划：阎　晶　徐　涛　司小拽
销售推广：赵玉麟　王　静
封面设计：周　源
责任印制：迈致红
出　　版：中华工商联合出版社有限责任公司
发　　行：中华工商联合出版社有限责任公司
印　　刷：北京广达印刷有限公司
版　　次：2020 年 3 月第 1 版
印　　次：2020 年 3 月第 1 次印刷
开　　本：710mm × 1000mm　1/16
字　　数：210 千字
印　　张：14.5
书　　号：ISBN 978-7-5158-2706-3
定　　价：58.00 元

服务热线：010 — 58301130
团购热线：010 — 58302813
地址邮编：北京市西城区西环广场 A 座
19—20 层，100044
http://www.chgslcbs.cn
E-mail：cicap1202@sina.com（营销中心）
E-mail：y9001@163.com（第七编辑室）

序 | 东方文明绽放全球

上古三皇，伏羲尝试百药而创制九针，轩辕与臣子论医问道而著《黄帝内经》，神农尝百草而悟出药草疗疾。三皇之后，战国有扁鹊望诊断病；东汉有张仲景博采众方确立辨证论治医学规律；唐朝有孙思邈创立脏病、腑病分类系统；明朝有李时珍历时30年作《本草纲目》……在历朝历代医学大家的齐力补充与完善下，中医智慧逐渐凝结成中华文明的重要内容，其价值历久而弥新。

随着中西交流越来越密切，博大精深的中医学不仅在中国大放异彩，还得到了全球范围内的认可。1972年，针灸在美国内达华州通过立法，并以显著的疗效赢得了美国人的信任；2012年，澳大利亚立法承认中医的合法地位；2017年4月14日，时任法国总统奥朗德授予中医专家朱勉生荣誉军团骑士勋章。从中我们可以看出，来自东方的中医受到了西方国家的重视，中医智慧更是绽放全球。

中医的地位在不断提高，研究中医的人也越来越多。其中，将中医思想与治理经营相结合的研究最为火热，但是这并不是最新“发明”，而是自古有之。例如，《黄帝内经》有云：“取治人之象，比治国之类；取医学之象，比宰相之类。”以中医思想来阐述治国理念。又如，魏文王从扁鹊弟兄三人医术不同、名气不同中悟出了“上医治国”之策。千年之前的古人尚且有如此觉悟，今人又岂甘落后呢？

今天，在探索中医智慧的巨舰上，有人执着于治病救人的灵丹妙药，有人痴迷于阴阳五行的朴素哲学，有人专注于天人合一的个人修为……本书则认为医管同源，选择将中医智慧融入广泛认可的企业经营管理模式——阿米巴经营，重新诠释阿米巴经营真谛。

稻盛和夫是日本的“经营之圣”，阿米巴经营模式便是其一手创立。在阿米巴经营模式下，京瓷公司和KDDI一直保持着高收益和持续发展，并位于世界500强之列；此外，这一模式还拯救了破产的日本航空公司，并使之成功回到世界500强之列。阿米巴经营模式是当前最成功的经营管理模式之一，其具有可复制性、适用性。

本书将企业看作有机生命，从中医“系统”的高度对企业进行研究，指导企业梳理能落地的经营哲学、理念，清晰企业的战略、构筑高收益的阿米巴经营体制、培养理念一致的“经营人才”。为方便读者理解，全书共分为两个篇章，其中：

原理篇从中医角度重新阐述稻盛和夫创造出日航复苏奇迹的过程，综述中医的理法方药，探究中医与阿米巴之间的相通之处。

方法篇以中医望闻问切的诊法重新阐释阿米巴组织管理，从中医治疗方法的角度解释如何通过阿米巴经营获得效果，以中医新方八阵对标阿米巴经营会计，以中医组方与配伍分别阐释阿米巴经营的模式与力量，并通过中西比较阐释中医与阿米巴的先进性、实用性。

万法归宗，一以贯之。

中医智慧便是这“宗”、这“一”，更何况阿米巴经营在管理思想、管理方法、价值指向、经营目标等方面上与中医思想不谋而合，因此以中医智慧阐释企业管理是顺理成章之事，更是企业发展的题中应有之义。

目录
CONTENTS

原理篇

方法篇

原 理 篇

第一章
日航重生的中医机理

作为亚洲规模最大的航空公司之一，日本航空公司（以下简称“日航”）破产是一件让人难以想象的事情，但是它确确实实发生了，而且数救无果。更让人难以置信的是，仅仅两年的时间，从未涉足航空领域的稻盛和夫便让日航重回世界五百强之列，为日本经济的发展增添了浓墨重彩的一笔。

巨大的反差引起了全世界的关注，一时间各大企业纷纷开始研究稻盛和夫拯救日航的“秘密武器”，想一探其中玄机。饱受质疑的日航重组计划，究竟是如何完成的？本章中，笔者将从中医的角度解读日航重生，以给企业新的启发。

稻盛和夫创造的V形复苏奇迹

“稻盛先生的到来，让我们终于看到了一丝希望。”这是日航员工们发自肺腑的声音，也是对稻盛和夫最大的肯定。

稻盛和夫是日本知名的企业家，其白手起家创办了两家世界五百强企业——京瓷公司和KDDI，与松下幸之助、本田宗一郎、盛田昭夫一同被称为日本“经营四圣”。因此，当稻盛和夫同意出任日航董事长时，被破产浇熄了信心的日航员工们又重新燃起了希望，他们相信在稻盛和夫的带领下，破产的日航定能再次创造辉煌。

⊙ 大象崩盘

作为亚洲规模最大的航空公司之一，日航是日本战后经济繁荣的骄傲象征，并一度被日本国民视为“民族的骄傲”。但令人难以置信的是，几乎一夜之间日航便崩盘了。2010年1月19日，日航迫于无奈正式向东京地方法院提交了破产保护申请。

昔日风光无限的日航巨舰，为何会突然倒下？大家纷纷开始猜测其破产的原因。这个世界上很多事情并不是偶然发生的，日航破产也是一样，所谓“冰冻三尺，非一日之寒”。表1-1从内外两个方面列举了日航破产的原因，从中不难看出日航在经营上可谓是“内忧外患”。

表1-1 日航破产原因分析表

原因	具体内容
内部原因	运营成本高：劳动力成本高、航线成本高、飞机成本高
	经营基础问题：缺乏共有价值观、脱离工作一线、缺乏整体观念
外部原因	经济环境变化：美国经济增速放缓、全球油价飞涨、金融危机
	竞争产品出现：日本高速铁路“新干线”成为主要交通工具

在外部，日航的发展主要受到外部经济环境和日本高速铁路“新干线”两方面的影响。一方面，由于美国经济增速放缓，日美航线搭乘率锐减，再加上全球油价飞涨和金融危机的影响，日航受到严重冲击；另一方面，日本高速铁路“新干线”解决了飞机换乘不便的问题，并逐渐代替日航成为主要交通工具。

在内部，日航的弊病主要体现在运营成本和经营基础两个方面。其中，运营成本过高的主要原因有三点：一是劳动力成本高，日航支付给员工的薪水是同行业的两倍；二是航线成本高，日航有150多条国内航线，但是大多数航线的搭乘率都很低；三是飞机成本高，日航的飞机品种多，老化快，增加了飞机人工费用的支出。

此外，日航内部也存在很多经营基础的问题。作为一个组织，可以说破产前的日航连最基本的事情都没有做好。首先，日航内部没有形成共有的价值观，员工“各有各的心思”“步调不一致”，自然难以发挥出集体的力量；其次，日航的经营团队缺乏参与到工作一线的意识，领导层在没有深入一线了解真实情况下便盲目制定各种决策，导致一线工作混乱、低效；最后，日航员工缺乏整体观念，并没有以全局的视角看问题。员工们只把自己当作普通的员工，而不是企业的经营者，也不对公司的经营状况负责，他们只是为了追求自身的利益。

这些经营基础问题，每一个都与企业的“地基”息息相关。没有稳固的地基，企业的经营管理就会弱化。相反，如果地基打造得十分坚实，企业就能发展长久，即使遇到困境，也能够很快重整旗鼓、卷土重来，亦如日航之奇迹般的复苏。

⊙ 涅槃重生

2009 年 12 月初，为了摆脱日航面临的困境，日本政府再三请求稻盛和夫出任日航董事长，但是，稻盛和夫以“完全不了解航空业，不能胜任”为由多次拒绝。就在政府为此焦虑之时，2010 年 1 月 13 日，稻盛和夫给出了“我欣然接受”的回答。那是大家最开心的时刻。

由拒绝到接受，稻盛和夫经过了艰难的思想斗争。最终，他决定零薪水出任日航董事长，这是闻所未闻的。问其缘由，他言辞恳切地说：“为了保住留任日航员工的饭碗；为了助长期低迷的日本经济一臂之力；为了保持航空业的竞争态势，让日本国民有选择航空公司的权力。”这简单直白的三条大义，让日航员工为之深深感动。

就这样，航空领域的门外汉稻盛和夫，带着京瓷集团的两个董事，以及自己的经营哲学，毅然投身到日航重建中。日航重组计划的内容极为严格，尽管障碍重重，但在稻盛和夫的带领下依然得以稳步推进，良好的发展态势使得日航很快重获新生。从 2010 年 1 月的黯然破产退市，到 2012 年 9 月的重新上市，稻盛和夫用短短的时间创造了举世瞩目的日航复苏奇迹，如表 1–2 所示。

表 1-2 日航复苏历程表

时 间	发 展
2010 年 1 月 19 日	日航宣布破产退市
2010 年 2 月 1 日	稻盛和夫接任董事长
2010 年 6 月 30 日	3 个月“扭亏为盈”
2011 年 3 月 31 日	2010 财年盈利全球行业第一，营业利润为 1884 亿日元
2012 年 3 月 31 日	2011 财年盈利再创新高，营业利润 2049 亿日元
2012 年 9 月 19 日	日航成功重新上市

稻盛和夫接手日航时，企业内部已经千疮百孔，可以说，日航就像一个得了绝症的病人，已经处在生死的边缘，各个行业的专家都对此束手无策。那么，稻盛和夫为何却能扭转乾坤？

发生这种转变最重要的因素就是大家把稻盛和夫的经营哲学奉为圭臬。在稻盛和夫的带领下，经营者开始把追求员工的幸福放在第一位，员工也开始从全局出发考虑问题，全身心投入日航重建中。

⊙ 哲学“医”企

稻盛和夫一生创办了京瓷和 KDDI 两家世界五百强企业，并让日航重生，其成功的秘诀就在于他把阿米巴经营哲学注入了企业经营中。

稻盛和夫认为，一个企业如果没有明确的经营理念或经营哲学，就无法整合员工的力量，也就无法充分发挥团队的凝聚力。可以说，阿米巴经营哲学是阿米巴体系的根基。因此，稻盛和夫在重建日航时，首先将自己的经营哲学导入日航，以此来改变日航的风气。

稻盛和夫在日航重建中采取了一系列行之有效的措施。可以说，日航重建的成功，是稻盛和夫的经营哲学实践带来的成果，而其中蕴含的哲理则与中医思想不谋而合。

将人放在第一位，追求全体员工的幸福。中医整体观认为人是一个有机的整体，中医在治病救人时应当把医治人心作为治病的核心。而企业也是一个有机的整体，只有把人心凝聚起来，才能使整体功能得到最大限度发挥。治企如医人，稻盛和夫认为治企的核心就是经营人心。因此，在日航重建过程中，稻盛和夫始终将人放在第一位。

切准病机，把握重组的关键点。中医在治病救人时讲究要切准病机。病机就是指疾病发生、发展、变化的机理，是治疗任何病症的切入点。治企也是如此，只有切准企业的病机，才能对症下药。在投身到日航重组计划后，稻盛和夫清楚地认识到，经营基础问题给日航带来了严重影响。因此，他先从教育企业的领导人开始，并带领大家一起制定了《日航企业理念》和《日航哲学》。在此基础上，稻盛和夫把分部门核算制度引入日航，彻底唤醒了工作一线的力量。

辨证施治，跳出手册主义误区。毋庸置疑，工作手册确实是为高效工作和规避错误而制定的。然而，如果完全依赖工作手册，就会产生诸多弊端。中医在医人时，也不会尽信医书，而是会根据病人的身体状况及自己的从医经验对症下药。稻盛和夫在重建日航时亦是如此，他既指出了工作手册的重要性，同时也向过度依赖工作手册的员工敲响了警钟。在稻盛和夫的带领下，大家跳出了工作手册主义的误区，每位员工都学会了站在顾客的立场上看问题。

追求正气存内，深化内在文化的变革。《素问遗篇》中有载：“正气存内，邪不可干。”意思是说，当人体脏腑功能正常，正气旺盛，外邪就难以入侵，内邪也难于产生，就不会发生疾病，这是中医倡导的养生法则。而对企业来说，经久不衰的法则就是深化内在文化变革。日航重获新生是许多因素共同作用的结果，但究其本源，企业文化的重生才是日航浴火重生的关键。

阿米巴经营哲学改变了员工的意识和日航的风气，重塑了企业文化，每位员工为了把自己的公司变得更好，在各自的岗位上不断努力，这是日航塑造V形复苏奇迹的最大原因。而阿米巴经营哲学与中医智慧精髓相通，可以说，正是阿米巴经营的中医机理塑造了日航的重生奇迹。

价值指向，将人放在第一位

世界上最容易动摇的是人心，最坚不可摧的也是人心。《大学》中有言:“欲修其身者，先正其心”。中医在治病救人时也讲究“医当医人，不当医病也”。诚然，一个企业生存发展的关键也在于人心的凝聚。可见，“正心”是为人处世的关键，是治病救人的关键，也是决定企业成败的关键。

⊙ 将人放在第一位

《景岳全书》中有载:“然执中之妙，当识因人因证之辩。盖人者，本也；证者，标也。证随人见，成败所由，故当以因人为先，因证次之。”由此可以看出，中医的核心思想是“以人为本”。以此思想为指导，中医在施治时立足于人，不但诊察“人之病”，更诊察“病之人”，其最终目的是恢复人体自身的良性循环。

而“以人为本”不仅是中医治病救人遵循的原则，更是一个经营者在管理企业时所要奉行的准则。正如稻盛和夫所倡导的经营哲学，他在重建日航时，将员工的幸福放在了企业理念的第一位，正好贴合了中医以人为本的思想。

稻盛和夫清楚地知道，企业理念是支撑企业生存发展的灵魂。只有在共同价值观的指导下，企业才能经久不衰。而此前的日航正是没有在内部形成共有的价值观，不仅领导层在制定决策时没有坚持以人为本的原则，而且员工在考虑问题时也不具备从全局出发的整体观念，日积月累走上了破产之殇。

与其他企业“为社会做贡献”的理念不同，稻盛和夫在向日航的员工宣告“这个公司是为员工而存在的公司”，将员工的幸福放在了第一位。

但是，对当时的日航来说，这一理念是超前的，在推广初期难以得到员工的一致接受。当时有一位高管疑惑地问稻盛和夫：“您为什么会想到把追求全体员工物质和精神两方面的幸福放在第一位呢？”

对此，稻盛和夫这样回答：“过于崇高的企业理念，员工是没办法明白的。因此，我们的经营目的只有一个，那就是使员工们真正幸福。如果大家都能够努力收获幸福，那么我们的业绩自然而然会攀升。”

的确如此，不论领导层提出多么崇高的经营理念，如果员工难以从心里接受，那也只是“曲高和寡”。经营者在治企时也要遵循以人为本的理念。只有先实现员工身心两方面的幸福，员工才能为客户提供更好的服务，从而为企业的发展和社会的进步做出贡献。

蕴含中医思想的阿米巴经营哲学渗透到了每位日航员工的心中，所有人的精神都振作了起来。并且，在稻盛和夫的感召下，日航员工的心境被改变了，每个人都在反思如何改进工作，更好生活，每个人都在为了公司的良好发展而竭尽全力。

在稻盛和夫经营哲学的指导下，员工获得了经营者的关爱，同时领导层也获得了员工的忠诚。可以说，“以人为本”的经营理念，就是“爱”与

“忠”的互换，心与心的融合。这个道理也可以这样简单理解：人都是有感情的，只要以诚相待，真心实意地去对待他人，他人也会给予你回报。

⊙凝聚人心的“空巴”

中医在临床诊疗过程中，重视医生和患者之间的交流，更重视医生对患者的安慰。中医学立足于人，重视人胜于重视病，把患者看作有个性有感情的人，而不只是疾病的载体。在诊疗中，中医从生理、心理、社会等各种致病的因素来考虑和解决患者的问题，这种做法一方面可以改善不良的医患关系，另一方面也可以进而调动患者的积极因素，使患者坚强、乐观，帮助患者由疾病向健康转归。

正如中医倡导的人文关怀的理念，稻盛和夫在重建日航时，也十分关注员工的个性和情感。为了让员工的情绪得以抒发，为了增加经营者和员工之间的交流，为了进一步提高日航的凝聚力，稻盛和夫把京瓷版“空巴（日语的音译，意思是联欢会）”运用到了日航重建中。

对于空巴，稻盛和夫这样说：“所谓空巴，就是喝酒的聚会，就是我和员工之间坦诚交流的场所，同时也是让员工理解我思想的重要场所。自从创建公司以来，只要一有机会，我就举办空巴，在轻松愉快的氛围中，与员工促膝谈心，谈人生，谈工作。”

稻盛和夫在刚刚创立京瓷的时候，曾经把“让自己的陶瓷技术问世”作为经营目的。可是，员工对刚成立的公司没有安全感，于是通过集体谈判，逼迫稻盛和夫提高员工的待遇。这时稻盛和夫醒悟了：企业中最重要的是让员工们觉得能加入这个公司真是太幸运了，让他们认为自己将来的生活一定有保障。

因为这次经历，在稻盛和夫创立京瓷后的第 3 年，“追求全体员工物质和精神两方面幸福”这一经营理念诞生了。为了员工的幸福，经营者不怕牺牲，竭尽全力，努力拼搏。员工也因为相信这一点而誓死追随。毫无疑问，空巴正是为了向员工传达这一思想理念而打造的场所。

空巴是为谁而举办的？稻盛和夫认为经营者必须把握好这一点。他认为“空巴体现对员工的爱”。在这个非工作场所，所有员工都可以摘掉“面具”，放松地说出自己的真心话。在聚餐会上，领导者的方针政策可以渗透到每位员工的心中，经营者和员工之间也可以构建深厚的信赖关系，每位员工都可以获得领导者的关怀，每个人都可以在人格上获得成长。

随着空巴的推行，“以人为本”的经营理念感动了每位日航员工，大家的心都凝聚在了一起，具备了“一体感”。可以说，空巴改善了日航领导层和员工之间的关系，调动了一线员工积极工作的热情，从而使企业得到了良好的发展。

由此可见，空巴并不是单纯的酒会，而是产生巨大能量的源泉，是一种加强企业凝聚力、充满人情味的聚会。可以说，没有空巴，就没有今天的京瓷、KDDI 和日航。

体现人文关怀的空巴，是稻盛和夫用来复兴日航的重要手段，是稻盛和夫令员工与自己同心同德、成就伟业的重要环节，更是践行稻盛哲学与阿米巴经营的重要前提。

⊙ 敬天爱人

我国自古便有“济世救人，仁爱为怀”的人本主义思想，“大医精诚”思想更是我们传统医学思想的精华。如孙思邈在《千金要方：大医精诚》篇章中就写道：“若有疾厄求救者，不得问其贵贱贫富，长幼妍媸，怨亲善友，华夷愚智，普同一等，皆如至亲之想。”

这种“仁爱”思想是中医思想理论的基础，几千年来一直被医者奉为行医准则。它强调以人为主体，倡导尊重人的价值，关心人的利益。而稻盛和夫的经营哲学集中到一点就是："敬天爱人"。

"敬天爱人"出自明治维新三杰西乡隆盛的《西乡南洲翁遗训》，"天"就是道理，合乎道理即为"敬天"；而人都是自己的同胞，以仁慈之心关爱众人就是"爱人"。做人应该做正确的事情，把员工放在首位，这就是稻盛先生对"敬天爱人"的诠释。

作为京瓷的社训，"敬天爱人"是稻盛和夫人格的投影，也是京瓷公司成功跻身世界500强的关键。因此，稻盛和夫在着手日航重建时，把这一思想理念也融入了日航企业理念中。就任第一天，他就言辞恳切地说："我是为日航员工的幸福而来的。"可见，这种"仁爱"思想与中医"以人为本"的思想精髓相通。

"敬天"与中医"天人相应"的思想理论相统一。天人相应是指天、地、人三者相协调。如《素问·四气调神大论》所言："春三月，此谓发陈，天地俱生，万物以荣。"意思是说，春季是生命萌发的时节，自然环境的生息变化，使得天地之间开始富有生气，万物开始欣欣向荣。因此，稻盛和夫认为，只要具备做人的正确判断基准，做事合乎规律，就一定能在经营实践中取得良好的效果。

"爱人"体现了中医"大医精诚"的仁爱理念。"精"即要求医者要有精湛的医术，"诚"则要求医者要有高尚的品德修养，要有仁爱之心。如孙思邈在《千金要方：大医精诚》篇章中写道："凡大医治病，必当安神定志，无欲无求，先发大慈恻隐之心。"《物理论·论医》中也有载："夫医者，非仁爱之士，不可托也。"即要求医者要有仁爱之心。而稻盛和夫在治企时亦遵循这一原则，把员工的幸福放在了第一位，并用实践让日航员工对这一理念深信不疑。

稻盛和夫在经营企业时践行了"以人为本"的理念。在重建日航时，他强调人心的重要性，并采取了一系列有效措施，感化了每位员工，把大家的心凝聚到一起，从而建立了一种坚不可摧的互相信任的关系。诚然，一旦人与人之间建立了无比坚固的信赖关系，任何苦难和问题就都可以化解；一旦经营者和员工之间确立了无比坚固的信赖关系，任何挫折和阻碍就都可以战胜。

中医传承了中国文化“以人为本”的传统思想和精神，强调防治疾病要坚守“以人为本”的原则。医人如此，治企亦如此。公司内部只有上下一心，成为一个有机的整体，企业才能经久不衰。正如《黄帝内经》中所言：“形与神俱，尽终其天年。”“形”为公司的组织结构，“神”则为人心。只有二者兼备，企业才能度百岁而不衰。

切准病机，把握重组关键点

病机，即疾病发生、发展与变化的机理。“病机”二字，中医释为“病之机要”，就是疾病之关键的意思。病机包含的内容非常广泛，从整体上来探讨，基本病机主要包括邪正盛衰、阴阳失调和精气血失常三个方面。

把握阴阳的消长、病邪的进退，是决定治疗法则和处方用药的前提。故中医治病，历来十分注意审察病机。企业也是一个有机的生命体，只有切准“病机”，对症下药，企业才能向健康的方向转归。

稻盛和夫在着手日航重建时，清楚地认识到各种经营问题给日航带来的影响。在切准企业“病机”的前提下，稻盛和夫把握住了重组关键点，因势利导地帮助日航机体恢复健康。

⊙ 重组万众瞩目

邪正盛衰，是指在发生疾病时，机体的抗病能力与致病邪气之间相互斗争所发生的盛衰变化。邪正双方不断斗争的态势和结果，不仅关系着疾病的发生，而且直接影响着疾病的发展和转归。

企业，作为一个有机的生命体，其内部也会发生邪正盛衰的变化。于企业而言，员工对工作充满热情就是企业抗病抗风险的“正气”；员工对经营状况的无视则是企业致病的“邪气”。中医讲“正气存内，邪不可干”，就是说当机体正气旺盛时，疾病就不会侵犯。企业也是如此，只有“正气存内”，机体才能良好发展。

而破产前的日航，内部完全被“邪气”侵蚀，日航员工完全不在意经营环境的变化，甚至幼稚地相信不管出什么事情日航都不会垮掉。正如一位高层曾说的那般：“日航好似披着日本国旗，是国家的骄傲。大家都认为我们是第一，都以在日航工作为傲。因此，在濒临破产之时，大家还是不相信日航真的会倒下。”

不接受日航破产的事实，又何谈重建呢？稻盛和夫在重建日航时，审查到这一病机，他认为让员工了解企业已经被置于破产和清算的境地，从而从根本上认清企业的经营现状是非常必要的。因此，为了彻底消除员工对经营状况毫不关心的“邪气”，为了进一步提升员工积极投入工作的“正气”，他相信最有效的做法就是将整个重组计划暴露在众目睽睽之下。

据此，日航重组计划的月进度以及重组过程中做出的重要决策，都会向法院提交报告。法院每个月也会发布一份报告，日航收到报告后，每月召开一次定期会议，将报告内容公开发布。如此，外界就可以通过报告的内容掌握日航重组的进度，并时刻监督着日航的重组工作，这对日航的重组有着积极的作用。

另外，将整个重组过程完全公开，使日航员工不得不接受日航经营破产的事实，并勇敢面对下一步的工作，从而更加积极地投入日航重建之中。

稻盛和夫在切准病机的前提下，把握住重组的关键点，将重组计划放在阳光下进行，让其受到大众监督，日航员工真切地感受到了公司的成长和变化。重组计划的公开，虽然并没有让所有员工都在短时间内发生思想转变，积极地投入日航重建中，但是发生这种变化的人数却一直在增长，也就是说“正气”正在慢慢地压倒“邪气”，企业正在向着健康的发展方向转变。

⊙ 领导力引起共鸣

中医传统观念认为，阴阳代表一切事物的最基本对立关系。天地、日月、寒暑、上下、君臣、男女等皆为阴阳对立关系。而阴阳失调则是阴阳之间失去平衡协调，指在疾病的发生发展过程中，由于各种致病因素的影响，导致机体的阴阳双方失去相对的平衡协调而出现的病理变化。

于企业而言，领导层和一线员工之间也分属于阴阳两面。阴阳平衡，企业就能保持活力，健康发展；阴阳失衡，企业就会患病早衰，甚至如日航般走向破产。阴阳平衡是一种协调的状态，是生命保持活力的根本，也是企业良好发展的根本。

破产前，日航的经营层和一线之间脱节。工作一线的实际情况对经营者制定决策是至关重要的。而日航高层却对工作一线一直有着相当强烈的距离感，管理者经常不把握具体情况就发号施令，这样一来，一线员工会认为其轻视了工作一线，所以就会对经营层抱有不信任感。长此以往，公司上下难以同心同德，企业就会失去平衡，甚至走向衰败。

的确如此，不管领导力多么强大、领导者的想法多么正确，只要员工们不买账，就不可能成为推动企业成功的力量。因此，在重建日航时，为了让员工认可高层的领导力，让两者之间协调起来，稻盛和夫先从教育企业的领导者开始。

通过管理者教育，日航高层开始意识到一线的重要性，管理者开始将自己的经营感受传达给一线员工，工作一线再将之广泛传播。通过这一系列活动，企业内部终于产生了共鸣。

管理者教育开展之后，颇有成效。但是这还不够，对日航员工的教育也迫在眉睫。为了转变员工的思维方式，为了进一步提高日航员工的工作热情，稻盛和夫将日航哲学作为员工的行为准则，要求日航全体员工都必须每年参加四次日航哲学的学习会。

日航哲学将追求员工的幸福放在第一位，处处彰显了经营者对员工的人文关怀，所以很快就深入人心，高层的领导力也在短短时间内得到了员工的认可。

可以说，稻盛和夫推行的领导人教育和日航哲学学习会成为推动日航重组的强大原动力。上至高管层，下到普通员工，所有人都共同遵守统一的行为规范，共享统一的价值观。这不仅提高了高层的判断力和员工的执行力，也鞭策着日航员工在以后的工作中不断地进行创新。

⊙ 新核算制度得到认可

精气血失常指的是精、气和血的不足及其各自生理功能的异常。其中，血液亏虚是精气血失常的一个重要表现。血是构成人体的基本物质，也是人体各种生理活动的物质基础。如果人体血液亏虚，必然会产生各种生理功能减退的病理状态。

于公司而言，正确的核算制度就是维持公司机体活力的“血液”。血在脉中循行，内至公司脏腑，外达皮肉筋骨，不断地对公司各组织器官起着充分的滋养作用，以维持公司正常的机体活动。

而破产前，日航内部“血液亏虚”，缺乏核算意识，大家对收支并没有概念。员工普遍认为，航空公司属于设备型产业，在设备的维修和保养等上面花费些成本很正常，这些支出是避免不了的。

组织一旦变大，无意中就会做起“统账”，什么地方产生了什么费用就搞不清楚了。因此，为了恢复日航机体的活力，稻盛和夫认为日航需要有更加细致的管理收支核算的办法，即分部门核算制度。

稻盛和夫把日航分成若干个小集体，让这些组织独立核算，把公司分成能开展业务活动的最小的组织单位，然后安排各自的领导，让其像街道工厂一样采取独立核算管理。各个单位都能实际感觉到“销售最大化、费用最小化”这条经营原则，因而能自主地开展经营。

这样一来，经营者只要审阅各个小单位提交的核算报表，就能知道哪个部门盈利，哪个部门亏损，就能更正确地把握整个公司的收支状况。高层也就能够做出正确的经营判断，对整个公司进行更加细致的管理。

《素问·调经论》说：“血气不足，百病乃变化而生。”寿命的长短和身体的衰老都和血有着直接的关系。稻盛和夫坚信，只要为公司注入新的“血液”，实行分部门核算的管理会计方法，企业经营就一定能够坚如磐石。

稻盛和夫在拯救日航时，切准日航的病机，将稻盛哲学完美地植入日航内部，并通过引入分部门核算制度，使日航员工有机会学习新的价值观并且接触到更多的经营信息，得到了员工的认可，彻底唤醒了工作一线的力量。日航员工怀着共同的信念，挑战着日航重生道路上的一个又一个不可能。

辨证施治，跳出手册主义误区

华佗是东汉名医，其行医故事也流传甚广。曾经有两个头痛发热患者同时向华佗求诊，华佗却开出了泻药和发汗药两种药方。两人非常疑惑。华佗解释说：“你们二人病因不同，因此要用不同的药方来治疗。一人是由饮食过多引起，应当服泻药将积滞泻去；另一人是由受凉感冒引起，应当吃发汗药将风寒去除。”

华佗通过辨证施治的方法使这二人最终痊愈。医人如此，治企亦如此。管理者在给企业诊治时，不仅要诊出病情，还要辨明病因，根据不同的情况，开出不同的处方。

⊙ 手册支配一线

辨证是论治的前提和依据，要治病就得先诊断，盲目开方下药只会适得其反。只有切准病情，辨明病因，才能对症下药，使患者恢复健康。同样，作为一名管理者，只有找准企业的症结所在，才能为企业开出切实有效的“处方”，达到“药”到“病”除的效果。

稻盛和夫在“医治”日航时，通过对日航的观察和分析，辨明了日航内部存在的严重弊病，让日航员工意识到将一切事情都“手册化”处理是不现实的，并向员工指明了这一弊病存在的根源以及可能会产生的危害。

工作手册制定的初衷是指导实践和规避错误。对于一家国有航空公司来说，为了将业务和服务标准化，就更离不开工作手册的指导了。但是，稻盛和夫认为，如果不能正确地看待工作手册，就会产生诸多弊端。正如破产前的日航，各部门都将工作手册视为指导自己实践的“葵花宝典”，完全忽视了顾客的价值。

日航的顾客支持办事处就常常发生员工与顾客产生矛盾的情况。顾客支持办事处是负责将旅客的心声反映到市场经营活动中的部门，是日航与顾客之间的桥梁。然而日航在破产之前，顾客支持办事处本身也被工作手册制约着。在接待顾客时，他们完全忽视了顾客的心声，只会用工作手册上的“官话”来回答客户的问题，这样做并没有真正满足顾客的需求，造成了顾客很大的不满。

对于企业发展来说，人心是至关重要的。顾客支持办事处的员工在接待顾客时，应该如中医医人一样，注重与患者的交流和沟通，把顾客看作有感情的人，而不只是疾病的载体。“水能载舟，亦能覆舟”，如果企业与顾客之间失去了心与心的交流，企业就会慢慢地失去顾客的信赖。

无独有偶。在日航的地面服务部门，员工们也常常一味地按照工作手册的规定来做事，而不是人性化处理，这给顾客带来了极大的不便。例如，客票销售岗位是负责办理售票和改签业务的，但是他们却根本不考虑事情的复杂性与特殊性，只是一味地按照工作手册上的内容执行，难以使顾客满意，造成了顾客的流失。

顾客是航空业的根本。前来咨询或寻求帮助的顾客就像寻医的病人一般，在疾病面前，病人因痛苦而脆弱；在问题面前，顾客则因无助而脆弱。

而此时的员工却根本不考虑顾客的感受，铁面般地以工作手册为准，得不到满意处理结果的顾客往往由脆弱转为愤怒，而日航也将永久地失去这些顾客。

此外，保养和维修总部的员工也常常只是机械化地遵守工作手册上的内容。他们坚信自己的使命就是严格遵守法律并且严格按照制造商的工作手册来操作。他们从未曾站在顾客的角度，从不去思考能为顾客再提供些什么服务，从不去想如何避免日后工作出现同样的问题。因此，有些本可以尽早处理的“小病”渐渐演化成了“大病”，直到侵蚀了日航的“五脏六腑”才得到重视。而这一切都是因为保养和维修部门以工作手册为工作之本。

稻盛和夫认为航空业作为一个服务行业，因为客户而存在。因此，各个部门将一切可能发生的情况都“手册化”处理是不现实的。完全遵循工作手册的字面意思，和在理解的基础之上去灵活运用，两者完全不同。遗憾的是，破产前的日航工作一线长期由工作手册支配，而员工们也都“乐在其中”。

对于这一弊病产生的根源，稻盛和夫如是说：“大家都太保守了，都不想冒任何风险。”正是出于这种考虑，日航员工认为严格遵循工作手册行事，能保证自己在工作中减少失误。为了维护公司的声誉，更为了保证自己的利益，他们都选择一切依照工作手册而行。

稻盛和夫对日航员工的这种“病态”思想感到深深的担忧。他指出变成了挡箭牌的工作手册，实际上正在一点一点地削弱工作一线的力量。过于僵化的“手册化”处理问题的方式，导致员工们失去了思考和创新的能力，企业也因此丧失了生命的活力。

事实上生病并不可怕，可怕的是医生在没有准确判断出患者病情的情况下就盲目施治，这样做甚至会危害病人的生命。于企业而言，管理者能够准确判断出患病企业的症结所在，对于企业的健康发展也是至关重要的。在拯救日航时，稻盛和夫通过对日航进行把脉诊断，准确判断出了日航内部的顽疾，从而确立了有效的治疗方法，帮助日航员工跳出了手册主义的误区。

⊙ 思考型工作一线

西医在治病时讲究“头痛医头、脚痛医脚”，只是对疼痛的部位进行医治，而不追究病根。但这样做只能治标不能治本。中医在诊治时则注重整体，认为不能只关注疼痛的部位，而要究其根源。治企也是如此，如果管理者不从全局考其根本，那么患病的企业也将难以“痊愈”。

稻盛和夫在“医治”日航时，并没有“头痛医头”地简单化处理，而是从企业全局出发，根据日航的病情在百味草药中进行选材配药，最终确定了“哲学教育”这一治疗法则。稻盛和夫认为经营企业就是经营人心，而“哲学教育”能够改变人心，从根本上扭转日航的风气，根除“手册主义”这颗毒瘤。

为了系统推行“哲学教育”，稻盛和夫带领大家一起制定了新的企业理念和日航哲学，并将“追求全体员工物质和精神两方面的幸福”放在了第一位，让大家真正明白了这个公司是为员工而存在的。在稻盛和夫的带领下，大家都纷纷开始诵读日航哲学，开始思考何谓正确的做人原则。

随着“以人为本”思想的渗透，“哲学教育”这一处方很快发挥出疗效，员工的思维方式从根本上发生了转变，日航的各个部门都开始逐渐意识到真正的顾客价值存在于工作手册之外，站在顾客的立场上考虑问题，努力满足顾客的需求，才是航空业的根本。为了追求顾客价值，员工们都开始尝试在工作手册上花些心思，开始思考如何灵活运用工作手册，为顾客提供更好的服务，从而为企业创造出更大的价值。

在日航维修中心，一位年轻的女员工通过自己的思考，用发动机部件的废料打造出了海豚形状的钥匙链。但日航工作手册对废料是有严格规定的，绝不允许其流入外界。因为如果废料在外界被循环使用，很有可能会酿成重大事故。迫于工作手册的束缚，对于破产前的日航员工来说，钥匙链的构想是很难变成现实的。那么，这位女员工为何敢于打破工作禁忌呢?

稻盛和夫在着手日航重建后，不断地鼓励工作一线按照自己认为合适的方式去处理问题。随着“哲学教育”药效的渗透，这位女员工开始勇于创新和思考，在对工作手册的规定进行分析后，她认为只要将部件完全切断，无法复原，就不会发生手册里担心的那些事故了。最终她将钥匙链作为纪念品送给了来日航工厂参观学习的客人。她希望客人在平日里看到这些纪念品的时候会想起日航，从而出行的时候选择日航。

可见，只要在手册上花一点心思，勤于思考，敢于创新，就能让钥匙链的构想得以实现，就能为顾客创造出更大的价值，从而进一步提升日航的影响力。

在稻盛和夫的“辨证施治”下，日航这个病入膏肓的“患者”，慢慢恢复了机体活力，成功从“手册支配一线”转变为“思考型工作一线”。日航员工开始意识到顾客价值对日航生存发展的重要性，他们开始重新认识顾客、定义顾客，积极满足顾客的需求。“先利人再利己”的观念成功取代“工作手册”，成为日航员工新的“工作宝典”。

正气存内，深化内在文化变革

一个企业，只有正气存内，才能经久不衰。而文化就是企业抵抗疾病的“正气”。任何一个企业的发展，都要以塑造文化为根本。管理者在治企时，应该扶持充满正气的事物，纠正企业内部的错误倾向，只有做到“扶正祛邪”，才能增强企业体质，提高机体的抗病能力。日航重建也不例外，稻盛和夫通过哲学教育，重塑了健康的企业文化，成功帮助日航战胜“疾病”，恢复生机。

⊙ 扶正祛邪，创建新品牌

《素问遗篇·刺法论》有载：“正气存内，邪不可干。”意思是说，当人体正气旺盛时，抗病能力就会增强，外邪就难以入侵。于企业而言，管理者在经营企业时也应该塑造一个健康的企业文化，提升企业抗病的“正气”。

稻盛和夫在重建日航时就是如此，将重塑健康的企业文化作为所有重建任务的重中之重。重塑企业文化，换句话来说就是构筑一个全新的日航品牌，从而提升日航的影响力。那么，如何构筑一个全新的日航品牌呢？

稻盛和夫主要从三个层次对日航文化进行了重塑，为日航企业文化的系统构建打下了坚实的基础。

一是表面层次的物质文化，包括厂房设备和产品质量，这是企业的骨骼。人体的骨骼发生错位和变形时，中医会采用“正骨”疗法首先对变形的骨骼进行检查和诊断，然后用推、拽、按、捺等手法使变形骨骼复位。破产前的日航“骨骼”也发生了严重变形，厂房设备庞大，运营成本高，很多航线存在不盈利的情况，稻盛和夫进行“诊断”后，通过采用精简厂房设备，削减机种，集中航运的经营资源，优化网络航线等“治疗手法”，缩小了企业的规模和经营成本。最终，得到修复的企业“骨骼”重新支撑起日航经济的发展。

二是中间层次的制度文化，包括各项规章制度和体制，这是企业的血液。血液在人体的心血管内循环流动，人才有了生命。企业经营同样需要用“血液”来维持。对于因“失血过多”而变得“奄奄一息”的日航，稻盛和夫对其进行了“输血治疗”，将分部门核算制度引入日航重建中，使得日航各个部门的收支情况明朗起来。稻盛和夫的阿米巴经营体制让每位员工都成为经营者，大家的工作热情变得高涨起来，日航的生命力也变得异常旺盛。

三是核心层次的精神文化，包括价值观念和员工意识，这是企业的灵魂。人本经营的共有价值观是凝聚人心的根本。如同中医坚持以人为本，稻盛和夫在重塑日航企业文化时同样“以人为本”，尊重每一个人，追求每位员工的幸福。为了使员工同心同德，稻盛和夫全身心投入日航重建中，并制定了共有价值观，致力于将自己的哲学理念传达给每一位员工。

文化兴盛是国家强盛的重要支撑，同样，企业的健康发展也离不开文化的自信与繁荣。只有拥有了健康的文化，企业才能实现可持续发展。企业文化构建的根本目的，就是用文化激活生产力，增强员工的凝聚力、执行力和创造力，进而提升企业的核心竞争力。一个成功的企业，必须致力于企业文化的塑造，尤其是精神文化的塑造，这样才能在残酷的竞争中实现快速发展。

在医者的尽心医治下，病人重获新生。在稻盛和夫强大的领导力之下，日航也迎来了一丝胜利的曙光。但是，企业文化建设仍然任重道远。作为企业文化核心的精神文化是日航战胜“疾病”的根本，但精神文化的塑造需要长时间的积淀。企业理念的制定只是精神文化的初步构建，今后的日航如何进一步巩固精神文化，让企业理念真正深入人心，这是日航在进行文化建设时所面临的问题。

⊙ 巩固成果，重塑精神文化

中医在开方下药时，常常先开君药来治主病，同时辅以臣药来加强君药的疗效，调和身心。治企与之类似，稻盛和夫在重塑日航文化时，以精神文化为主，以制度和物质文化为辅，致力于培养员工的共有价值观念。

稻盛和夫深知，共有价值观念可以转变员工的意识，从而从根本上改变日航的风气。因此，稻盛和夫将精神文化建设作为日航企业文化建设的核心，带领大家一起制定了新的企业理念和日航哲学。

随着哲学教育的渗透，员工意识确确实实发生了转变。但是，短时间内，哲学教育的“药效”真的渗透到日航所有员工的心中了吗？正如日航的一位高层所说：“单从企业集体荣誉感来看，部门和部门之间确实存在‘温差’，可以说目前对集体荣誉感的教育尚在半路。”

每个病人都有不同的体质，即使医生开出了再好的药方，其药效也会因个人体质的不同而产生不同的治疗效果；企业各个部门的“体质”也不相同，稻盛和夫为日航开出了哲学教育的“药方”，但是有的部门积极地开展了自主学习会，有的部门却没有，直接与顾客接触的部门和间接与顾客接触的部门，对日航哲学的学习热度也有所不同。因此，让所有员工都接受共同的理念并不是一朝一夕的事情。

塑造全新的精神文化，需要不断地对员工意识的转变进行加强巩固。精神文化建设不只是简单的制定，更需要每位员工身体力行，坚持不懈。只有不断地对精神文化进行加强巩固，才能使企业文化与员工的心融为一体。

为了进一步巩固员工意识转变的成果，加强精神文化建设，稻盛和夫在制定了共同理念和日航哲学后，还一直坚持亲自授课，并要求领导层和普通员工每日诵读日航哲学，甚至要求每人随身携带日航哲学小册子，以便在工作中遇到问题时可以随时查看。他还明确地向员工表示，即使自己日后离开日航了，大家也要不断地巩固精神文化成果，不能有丝毫懈怠。

随着哲学教育“药效”的进一步渗透，共有价值观在日航员工的心中扎下了根，越来越多员工的思维方式发生了变化，利己主义的观念随之消失，大家也不再认为自己是蚍蜉撼大树不自量力了，每位员工都开始关注日航的经营状况，他们怀着共同的信念，积极地为重建日航贡献自己的力量。

强调人本经营的精神文化，让大家明白了日航是为员工而存在的，在这个大家庭里，大家畅所欲言，敢想敢做，努力追求自己的幸福。在新的精神文化的熏陶下，员工们积极进取，努力为日航创造出更大的价值。日航的经济实力提高了，员工的成就感也随之提升，从而每位员工都开始在自己的工作岗位上更加努力，形成了良性循环。

重塑企业文化是“治愈”日航的根本，尤其是精神文化的塑造，可以帮助日航和员工免于“疾病”的侵蚀。稻盛和夫自出任日航董事长以来，就一直以日航哲学作为经营的根本，以做人的基本道理为标准来要求每位员工，致力于为日航塑造出一个能长时间发挥“疗效”的精神文化体系。

在这个社会大变革时代，企业文化的变革也势在必行。全球经济一体化趋势明显，市场竞争异常残酷，企业只有不断地进行创新，深化内在文化变革，才能使基业长青。日航重建也不例外。稻盛和夫在为日航“诊治”时，导入了阿米巴经营管理模式，从三个层面对日航的企业文化进行了重塑，为日航注入了新的“血液”，同时赋予了日航发展的灵魂，使得日航内部充满了旺盛的“正气”，发展欣欣向荣。

第二章
理法方药，治企之道

东汉名医张仲景“勤求古训，博采众方”，集中医药理论之大成，著成《伤寒杂病论》，奠定了中医理、法、方、药的基础。阴阳五行、望闻问切、君臣佐使、七情和合……中医“理、法、方、药”体现了中医的整体观念和辨证论治的治病理念，其价值历久而弥新。

理，即中医理论；法，指诊法和治法；方，指方剂和组方原则；药，指药物和配伍规律。中医治病的过程是一个辨证论治的过程，即先辨明病因，再确定治法，而后再组方配伍，以达人体阴阳平衡。而企业管理亦是一个平衡企业阴阳的辨证论治过程，与医人之道并无二致。本章将通过系统阐述中医理论，来探寻企业经营的“理、法、方、药”。

理：乾坤一元，阴阳相依

中医之理，即医理。医理并不是高深玄妙、不得其解的专业术语，而是自然之道，是存在千万年而不曾变更过的生命规律。这个规律，不仅是中医治病救人的根本原理，亦是当今企业寻求发展的根本宗旨。

⊙ 乾坤一元，顺“理”而为

《黄帝内经》是我国现存最早的一部医学经典著作，更是被学界公认为“医家之宗”。除了医学知识，其更是蕴含着古老的东方哲学与智慧。例如，《素问·天元纪大论》有云：“太虚寥廓，肇基化元，万物资始，五运终天，布气真灵，揔统坤元……生生化化，品物咸章。”宇宙浩渺，有着万物生长的本元，而万物在生长中始终按照着宇宙既定的规律不断运动变化……如此循环往复，便形成了如今天地间的一切存在。

“人以天地之气生”，人是自然界的产物，凭借着自然之气而生长，因而人体的生理、病理活动皆与自然界阴阳之气的变化息息相关。因此，人想要拥有旺盛的生命力，就要顺“理”而为，与自然和谐相处。《黄帝内经》中就明确提出了“春夏养阳，秋冬养阴”的四时养生法则。顺应四时气候之变化，人方可健康长寿；而违背自然之理，人就会患病早衰。

万物依宇宙规律生长，存在；逆宇宙规律生长，泯灭。同样，在医学上逆医理而行，亦会造成巨大的影响。

逆“理”而行，病人得不到救治；同样，逆“理”而行的企业也不会拥有未来。

“万物之生，皆禀元气”，天地万物皆由一气所生，自然界的一切更迭变化也皆因气的运动变化而存在。中医治病时也常常以气之变化来阐释人体的病理变化。于人而言，顺应自然之气，人则可免于“邪气”的侵袭；于企业而言，顺应市场规律，企业则可获得长远发展。

⊙ 阴阳相依，中正平和

在中国传统文化中，古人常常以阴阳来表示相反相成的两种事物，气亦是阴气与阳气的统一。“一阴一阳之谓道”，万物生长皆蕴含着阴阳对立统一的规律，正所谓“阴阳和合，万物乃生”。

《黄帝内经》曰：“天地合气，命之曰人。”人因天地之气相互和合而生，“和”即为人得以生存繁衍的基本条件。所谓“和”，就是指阴阳双方要达到一种相对平衡的状态，即人与自然要和谐，人与社会要和谐，人体自身也要和谐。

人生于自然界，时刻都与自然环境相接触，因而与自然环境有着不可分割的密切关系。阴阳双方是相互依存的，人的生命活动会对自然环境造成影响，而变化了的自然环境亦会反作用于人类。因而人必须遵循自然规律行事，与自然和谐相处，如此才能繁衍后代、生生不息。若人与自然彼此之间阴阳失衡，人体就会受到疾病的侵蚀。

人还是社会中的人，亦不能离开社会而独立存在。人生于自然界，却长于社会。通过社会化，人才拥有了生活的智慧。因而人与社会也必须始终保持和谐的状态，这样才能不被社会淘汰，才能继续享受社会中的资源，使自己获得幸福。

人体自身也存在着阴阳变化。人体内的阴与阳是相互对立的，通过调节可以求其统一。中医治病之秘就在于通过平衡阴阳使人体处于阴平阳秘的状态。“阴平”即阴气平顺；“阳秘”即阳气固守。《黄帝内经》曰：“阴平阳秘，精神乃治，阴阳离决，精气乃绝。”若人体始终处于阴阳平衡的状态，就不会被致病的“邪气”所侵蚀，人就能精力充沛、健康长寿。

如同人体一样，企业亦是一个有机的生命体，不仅内部存在着阴阳变化，其与自然、社会也是对立统一的阴阳关系。中医治病讲究“天人相应”，管理者治企的关键也在于要保证企业的发展与市场环境的变化相适应。若环境发生变化，管理者就要立刻对经营决策、战略目标、组织结构等做出调整，以使其达到适应市场的最佳状态。

乾坤一元，阴阳相依。万物之形体皆因无形之气而生，形体亡则亦复归于气，如此循环往复，使生命得以延续。万事万物又统一于阴阳变化之中，阴平阳秘则生命力旺盛，阴阳失调则精气亏损。中医之理皆法于阴阳、和于术数，无论是人还是企业，顺“理”则昌，逆“理”则亡。

法：神圣工巧，内外根治

中医诊法历史悠久，且自成一格。早在《黄帝内经》中，古代医者就对诸多诊法作了具体阐述。战国名医扁鹊更是十分擅长“切脉、望色、听声、写形，言病之所在”。自古至今，四诊法一直都是中医审查病机的重要方法。中医讲“治病必求于本”，在错综复杂的病症中，医者只有以四诊法辨明病机，才能确立合理有效的治法，从而根治疾病。治企如医人，中医的诊治方法与企业的经营之道亦有着相通之处。

⊙ 神圣工巧，四诊并重

“望而知之谓之神，闻而知之谓之圣，问而知之谓之工，切脉而知之谓之巧”,《难经》中提出的“神、圣、工、巧”之论，强调了四诊法对于疾病诊断的重要作用。历代医者皆以四诊法来诊察病机，并且强调“四诊并重，缺一不可”。同样，企业管理的第一步亦是以“四诊法”来审查企业的“病机”，以明确“症结”所在。

“望诊”作为四诊之首，是指通过观察病人神色与形态的强弱虚实变化来诊断疾病的方法。“有诸内，必形诸于外”，人体是一个有机的整体，皮肉筋骨与脏腑器官在生理、病理上都是息息相关的。若脏腑功能出现病理变化，必然会反映在外部的神、色、形、态等各个方面，因而医者通过观察患者的外在病理表现即可推断出内脏的病变情况。同样，管理者通过观察企业的组织结构、员工的精神状态等，即可判断出企业运营状况的好坏。

在望诊的基础上，医者还会运用听觉和嗅觉，对病人的声音和气味进行判断，以进一步诊察疾病，即“闻诊”。人体的各种声音和气味也都是在五脏六腑的生理、病理活动中产生的，因而声音和气味的变化亦可反映出体内的邪正盛衰变化。于企业而言，管理者通过倾听顾客的心声，即可判断出其对产品的满意程度，从而为进一步调整产品结构提供依据。

通过“望诊”和“闻诊”，医者所观察到的一般只是病人当下的身体状况，而对于病人的病史、生活环境、发病经过、治疗经历等情况，医者则需要向病人或知情人询问，即“问诊”。通过问诊，医者就可以收集到更多的病情信息。同样，在企业经营中，面对破产的日航，稻盛和夫通过查阅资料以及向日航高管和员工询问，获得了日航破产前的经营信息，这对于重建日航来说是至关重要的。

“切诊”是扁鹊在总结前人诊法的基础上发明创造的，包括切脉和触诊两个方面。切脉是切诊的主要方面，是指医者切按病人的动脉处，根据脉搏跳动的频率、强度和节律等，来辨别病人的身体状况。触诊是指医者用手触按病人的发病部位。而对于企业来说，企业的动脉则是人。管理者通过诊察每位员工的工作情况，就可以判断出整个企业的经营状况。

中医四诊法各有其独特作用，但彼此之间并不是孤立的，而是相互联系、相辅相成的。医者单用一种诊法，并不能全面地诊断出病情。因此，无论是医者还是管理者，都必须综合运用这四种“诊法”，并将收集到的病情信息进行综合分析，以辨明病因。只有辨证准确，才能对症下药，治愈疾病。

⊙ 治病求本，内外根治

《素问·至真要大论》曰："谨守病机，各司其属，有者求之，无者求之，盛者责之，虚者责之，必先五胜，疏其血气，令其调达，而致和平。"这里所说的"求之""责之"皆为"求本"之意，就是说医者治病要善于审查病机，善于分析疾病产生的根本原因，不仅要治其标，更要治其本。同样，企业管理如同中医治病，亦要内外兼修、标本兼治。

标与本代表的是相互对立的两个方面。于中医而言，病因为本，症状为标；于企业而言，人心为本，制度为标。中医上讲"治病必求于本"，即医者必须针对病机从根本上治疗疾病。但"治病求本"绝不是一味地求本，医者在治疗疾病时还要考虑标与本的缓急状况来进行，正如李时珍在《本草纲目》中所说的"急则治其标，缓则治其本"。疾病的发展变化常常是错综复杂的，只有分清主次缓急，才能使疾病得到及时合理的治疗。

急则治其标，是指如果病人的病情十分危急，医者就应该先治疗症状，以保证病人的生命安全。但是待病人的病情有所缓和后，医者仍然要诊察病因，治其根本。与之同理，当企业的核算制度出现问题，管理者就要及时做出调整，或者及时拟定新的核算制度。若没有合理的制度作为约束，企业组织就会乱作一团，企业经营也将难以为继。

缓则治其本，则是说在病势较为缓和的情况下，医者要针对病机进行治疗，以除病根，一般适用于慢性疾病。如对于阴虚发热的病人，医者只需采取滋阴养肺之法治其根本，发热症状便会不治自退。而在企业经营中，人心涣散就像一种"慢性病"，逐渐侵蚀着企业机体。对于这种长期存在、病情较缓的疾病，管理者必须从根本上对其进行治疗，不能妄想仅仅依靠制度就能在短期内将其治愈，而是要通过哲学教育的感化作用慢慢地将人心凝聚起来。

《黄帝内经》上讲“治病必求于本”。经过历代医家的实践和总结，中医治则具有非常丰富的内涵，如治标与治本、正治和反治、祛邪扶正、三因制宜……但无论哪一种治法，其在本质上都是治病求本的表现。企业经营亦是如此，以哲学教育滋养人心、以管理制度约束行为才是企业的生存之道。

中医治病强调必须审证求因，要先以“望、闻、问、切”之四诊法来诊察病机，而后才能确立治法，从根本上治愈疾病。“神圣工巧”的诊法与“标本兼治”的治法共同构成了中医辨证论治的基础，不仅是医者行医坚守的原则，亦是企业管理遵循的法则。

方：用药如兵，新方八阵

方剂是中医治病的主要手段。历代医家皆认为方剂能够体现出中医“理、法、方、药”理论的全部内涵，因而都十分重视方剂的作用。而在遣方用药时，据“用药如用兵”之理，中医历来主张制方要倡简，用药必求精，认为只有如此才能使方剂发挥出最佳疗效。用药如用兵，治企如医人。在企业经营中，管理者亦要遵循精简原则，以简驭繁，以精求存。

⊙ 用药如兵，以精为贵

兵法上常说，“兵在精而不在多，将在谋而不在勇”，中医遣方用药也是如此。医者治病就如同用兵打仗一般，需要先挑选出精兵强将，从众多方剂和百味药材中精选出治病之方与对症之药，而后再做好周密部署，以治愈疾病。纵观历史，历代名医在行医时皆遵循“法度严谨，用药专精”这一处方原则。

“用方简者，其术日精；用方繁者，其术日粗”，医者医术水平的高低往往也是根据其所开药方上药味的多寡来判定的，药味越多医术越低，药味较少则医术精湛。企业管理亦是如此，管理者必须善于用人、精于用法，人才加方法才能为企业创造出更多的经济效益。

对于“用方繁者”，许多名医也都曾提出过严厉的批评。医家认为，医者如果在一个药方中开出了二三十味药，则并非在以药治人，而是在以人试药。医者在治病时，若不辨明药性，也不遵循配伍规律，只知随意在方中多加药味，非但不能发挥各药的合力，甚至还会使药方产生危害作用。

方剂是药物的有机组合，而不是大量药物的简单堆砌。滥用药物、不求精只求多，如此做法不仅不能缓解病人的病症，还有可能使致病的邪气进一步侵蚀人体。因此，医者在遣方用药时必须做到精益求精，先辨明致病之因，然后选用对症之药，最后再以君臣佐使等组方用药的原则进行合理配伍。只有辨证准确、选材得当，各个药物之间才能产生相互协同的促进作用。

而企业管理亦是一个辨证施治、遣方用药的过程，同样需要遵循“精简”的原则。在阿米巴经营中，每位员工都有着明确的定位，大家都能够在经营中各司其职、各尽其能，彼此之间形成了一种密切配合、团结协作的关系，因而能够发挥合力，共同为实现企业的经营目标而努力奋斗。另外，高层领导还将权力下放给各个阿米巴长，精简了自己的决策权，使自己摆脱了烦琐的日常事务的困扰，进一步提高了决策的科学性。

方不在大，倡简；药不在多，求精。医者在遣方用药时必须做到细致辨别、综合分析、精心谋划。用药如用兵，行医如打仗，排兵布阵、遣方用药的最终目的都是消灭敌人、战胜疾病，使基业长青，使人体康健。

⊙ 以法统方，新方八阵

中国古代军队作战都十分讲究排兵布阵，若布阵不当则可能会全军覆没；而布阵得法则能够旗开得胜。合理的排兵布阵可以使阵法发挥出最佳效能，提高军队的战斗力。而在医学领域，遣方用药亦如排兵布阵。古代很多名医大家皆既通医理又善兵法，因而能够开出对症之方，帮助病人战胜疾病。

明代医学家张景岳亦通晓兵法，其在《景岳全书》中就借用药如用兵之义，以方药列八阵为“补、和、攻、散、寒、热、固、因”，首创了八阵分类法。在后来的行医实践中，张景岳在古方八阵的基础上又创制了新方 186 组，仍归于八阵之中，并谓之“新方八阵”。这些阵法中所列的方剂皆是由张景岳根据自己数十年的从医经验所创制，因而对医者实践具有很大的指导作用。

在用药配伍上，张景岳强调用药要以精为贵，各味药材皆有其独特的药性，医者必须加减有则、精确选用。张景岳“用药如用兵”的思想贯穿于其整本医学著作之中，纵览《景岳全书》，其每一方阵中所列的药方皆合“君臣佐使”之组方原则，且每一药方上所列的药味皆不逾十，可谓立法精当、配伍严谨、用药精一。

而在如今的医学领域，一些医者尤其是初学者，往往热衷于大方、杂方，常常不分主次、不守章法，将几十味药混杂于一方之中，殊不知“功效卓著之方，其药味皆不过十”之理。兵无纪律、药无次序只会导致兵力分散、药力相抵，因而破敌愈病也就难以实现。

医者遣方用药如此，企业管理亦是如此，同样要讲究排兵布阵。在阿米巴经营中，“知经营、集数据、定目标、摊费用、控成本、做报表、重反馈、定内价”即为阿米巴经营会计的“新方八阵”，并且在每个“阵法”中，一方一药皆有法可循、有理可依。正因为如此，阿米巴经营会计才能够发挥独特的指导作用，助力企业经营。

大道至简，中医遣方用药贵在精而不在多。医者选方用药必须全面考虑、综合分析、深入推敲，必须严格遵循组方原则和配伍规律，而不是将数味中药进行简单的罗列，不循章法和原则。无论是排兵布阵，还是遣方用药，抑或是经营管理，“以法统方、用药精当”一直都是克敌制胜、药到病除的关键。

药：君臣佐使，合群妙用

中药取材于自然界中的植物、动物与矿物，因而药性不同、成分有别，每一味药物都有着性味、功效等方面的特点。医者只有深谙药物个性，才能用药如神、治病有方。企业的生存之道亦是如此。每个员工都有各自的特点，每种管理方式都有各自的优缺点，每个企业都有适合自己的管理模式，管理者只有对这些有了深入的了解，才能使其发挥合力，助力企业经营。

⊙ 君臣佐使，多元用药

中药种类繁多，药性多样。在一方之中，各味药所起的作用主次有别，因而《神农本草经》中将中药分成了四种，即君药、臣药、佐药和使药。《素问·至真要大论》中也有载："主病之谓君，佐君之谓臣，应臣之谓使。"医者用药须合君臣佐使，如此才能发挥各味药的合力，祛除致病邪气。

方剂是由"君、臣、佐、使"这四种药物有机组成的。通过合理的配伍，医者可以调整药物的药性和疗效，调其偏胜，制其毒性，消除各味药对人体的危害作用，使各个药物之间产生相辅相成的作用，从而更好地防治疾病。在企业经营中，管理者也要多元用药，尽力发挥君臣佐使之药的合力。

君药，对症之要药也。君药作为一方之中的主药，针对主病起主要治疗作用，是治疗疾病不可或缺的药物。君药的药力居方中之首，并且用量相较于臣药、使药要大。一般而言，在一个方剂中，君药宜少，一般只用一味。若君药味数过多，则药力容易分散，治疗效果就会减弱。而阿米巴经营的“君药”就是以哲学教育凝聚人心。企业经营人心是关键，而哲学教育可以感化人心，使企业内部形成一种坚不可摧的力量。

臣药是指辅助君药发挥作用、加强君药疗效的药物。臣药的药量较之君药分量稍轻，但味数却较为灵活。在一个方剂中，一种君药可以配以多种臣药，而两种君药亦可以用更多的臣药来配伍。臣药的药效虽然没有君药强烈，但也是非常重要的一种辅助药。佐使药亦是一种辅助药，可以用来调和诸药的药性，减缓君药、臣药的毒性，使各个药物对人体产生有益的治疗作用。在一方之中佐使药分量最轻、药力最弱，可酌情使用。

在阿米巴经营中，量化分权为“臣药”；业绩评价为“使药”。通过量化分权，领导精简了决策权，提高了决策的科学性；员工拥有了经营权，人人都成了经营者。通过业绩评价，员工真切地看到了自己的成果，从而能够更加积极地投入工作中。

疾病是复杂多变的，市场也是不断变化的，医者在遣方用药时既要根据病情灵活地调整方剂，又要以君臣佐使之组方原则为依据，以保证用药的准确性。管理者在经营企业时，也要根据市场的变化灵活地调整方法。

一般而言，医者在为病人诊治时很少使用单味药，而是会选用多味药进行组合配伍。君臣佐使的用药原则就从多元用药的角度阐明了各味药物在方剂之中的地位，揭示了药物配伍后的药性变化规律。医者遣方用药遵君臣佐使之原则，就可以发挥方剂的疗效，使疾病治愈。

⊙ 合群妙用，相须相使

“药有个性之专长，方有合群之妙用。”每味药都有各自独特的药性，按照一定的原则和规律，将不同的药物配伍在一起，就能够使各个药物之间产生相辅相成的作用，从而使方剂发挥出更好的疗效。

中药配伍是从单味药发展而来的，当病情较轻时，只用一味药便可将疾病治愈；而当病情较重时，单用一种药物无法起到治疗作用，就需要选用多种药物进行合理配伍。古代医者就把单味药的使用与多味药之间的配伍关系称为药物的“七情”。

《神农本草经》最早总结了中医配伍用药的规律，指出：“有单行者，有相须者，有相使者，有相畏者，有相恶者，有相反者，有相杀者。凡此七情，合和视之。”《神农本草经》完整地概括了中医遣方用药的七种基本规律，是中医遣药用方的基础，同时也是企业管理的法则。

单行是指用单味药就能产生治疗功效，而无需其他任何药物的辅助。单味药的力量是有限的，因而单行只适合病情较轻的疾病，对于重病则无法起到治疗作用。而在企业管理中，市场环境复杂多变，企业要想谋求更好的发展，也要尽量避免使用单一的管理办法。

相须是指将药性和功效相近的两种药物配合使用后，可以使两种药物起到协同作用，而使原有各味药物的疗效增强。“相须者，同类不可离也”，判断两种药物是否属于“相须”，主要就是以“不可离”为依据的。相使则是指以一种药物作为主药，另一种或多种药物作为辅药用以增强主药的疗效。与相须产生的双向作用不同，相使产生的效果是单向的。相畏则是指一种药物的毒性作用能被另一种药物消除。相杀即一种药物能消除另一种药物的毒性作用。在阿米巴经营中，经营人心为“主药”，经营会计和组织机制则为“辅药”，它们之间就是相使的关系。

相须、相使可以增强疗效；相畏、相杀可以消除毒性。而与此相反，相恶、相反则会减弱疗效、增加毒性。相恶即两药合用，一种药物能使另一种药物原有的功效降低，甚至丧失。相反则是指两药合用能产生更强的毒性作用。无论是医者治病，还是管理者治企，都应该充分利用相须、相使；合理选用相畏、相杀；避免使用相恶、相反。

君臣佐使、七情配伍是中医遣方用药的基本指导原则。医者只有辨明各味药物的药性和功效，将药物进行合理配伍，才能产生相须相使的效果；管理者只有充分了解企业和员工的特点，将各种方法进行合理运用，才能发挥员工的合力。

第三章
医管同源，中医与阿米巴经营

中医是中华民族智慧的结晶，其经典著作凝聚着中华文化之精髓。在意蕴深远的古代医书中，不仅蕴含着治病救人的良方，也蕴含着极高的管理智慧。古之善为医者，不仅能治病救人，也皆能以医理论国事。其实，无论是医人，还是治企，抑或是治国，其原理皆一脉相承，都讲究一个“治”字，都是将医治对象看作一个有机的生命体。

医管同源，中医治病之理与企业管理之道根源神髓相通。本章将通过分析中医与阿米巴经营的相通之处，来窥探中医经久不衰之秘、企业基业长青之机。

医人与治企内容原理同源

阴阳学说和五行学说作为中医学理论的支柱，皆是以易为本源的。阴阳对立统一,五行相生相克。据阴阳五行之理，中医将人体视为一个以五脏为中心的，既对立制约又协调统一的生理病理系统。而企业如人体，阿米巴经营将企业也视作一个不断发生着生理病理变化的有机生命体。因而中医治病之理与阿米巴经营管理之道有着相通之处，给企业“诊病”就是平衡企业阴阳五行的过程。

⊙ 阴阳和合，互依互化

《易传》有载:“易有太极，是生两仪。”这里的两仪指的就是阴阳。中国古人常常以阴阳来代表世间所有的对立统一关系，如天与地、日与月、昼与夜等。中医也常常以阴阳来解释人体的生理病理现象，如气与血、体表与脏腑、热证与寒证等。

中医阴阳学说认为，阴阳既可以代表相互对立的两个事物，又可以表示同一事物内部对立的两个方面，且对立着的阴阳双方是互根互用的关系，彼此之间相互依存，互为根本，阴和阳任何一方都不能脱离另一方而单独存在。

世界在不断发生着变化，阴阳之间的对立制约关系也不是静止不变的，而是始终处于变化发展之中。若阴阳失调，动态平衡遭到了破坏，人体就会产生疾病。因而中医治病也是通过调节阴阳，保证阴阳双方达到一个相对平衡的状态，从而使病人恢复健康的。

世间万事万物皆分阴阳，企业亦是如此。阴阳平衡，企业机体就能够永葆生机；阴阳失衡，企业就会面临破产之殇。可以说，企业的经营状况就是通过阴阳之道来展现的。

从宏观层面来说，经营和管理就是企业的阴阳两面，只有两者平衡协调，企业才能健康发展。经营就是通过制定战略性的决策，开拓外部市场，提高经济效益，以最少的成本获得最大的利润；管理则是通过制定战术性的制度措施，指导内部活动，提高生产效率，以最短的时间获得最大的产出。而阿米巴经营既重视外部经营又重视内部管理，就是通过内外兼修来实现企业长久经营的。

在外部经营上，阿米巴经营注重从企业整体出发，站在全局的高度制定经营决策，从而保证了决策的科学性。同时，为了保证企业组织能够灵活地应对市场环境的变化，阿米巴经营将企业划分成若干个小阿米巴，使其能够及时进行调整，以达到最佳状态。为了进一步提高企业的经营效益，阿米巴经营还将权力下放，真正实现了全员参与的经营。

在内部管理上，阿米巴经营将西方科学管理的工具和方法引入企业管理中，提高了工作效率。并通过建立专门的管理部门，使公司资产得到了正确的管理。在此基础上，阿米巴经营还制定了绩效管理办法，以激励员工更好地遵守规章制度，科学地进行生产。另外，阿米巴经营还通过制定单位时间核算表，使各个阿米巴都实现了自主核算管理。

从企业内部的微观层面来说，阴阳关系更是无处不在。领导和员工之间，领导和领导之间，员工和员工之间，公司和员工之间，员工和制度之间，都可以视为对立统一的阴阳关系。总而言之，阴阳既可以表示自然事物，又可以解释人体结构，同样也可以阐释企业组织。

于企业而言，经营和管理都应该得到平衡发展，任何一方落后都会阻碍企业发展。只有管理到位，经营决策才能更好地执行；只有决策正确，管理措施才能更好地实施。因此，企业在解决经营问题的同时，也要重视管理问题，这样才能使企业机体达到相对平衡的状态，从而实现健康的发展。

⊙ 五行运转，相生相克

“阳变阴合，而生水火木金土”，五行学说便是在阴阳学说的基础上发展而来。木、火、土、金、水这五种物质始终都在以互生互克的关系进行着周而复始地运转。相生，即木生火、火生土、土生金、金生水、水生木。相克，即木克土、土克水、水克火、火克金、金克木。可以说，世间万物都通过这种相生相克的关系普遍联系着。

在中医学上，五行学说则主要是用来分析人体五脏之间的生理病理联系的，如肝属木，肾主水，水生木就是说肾水可以滋养肝木，保证肝功能的正常。中医在诊治疾病时，就是根据五行的生克规律来辨析五脏之间的病理影响的。

五行学说认为，世界上任何事物都能够依据其特性归于五行，每一类事物之间以及事物内部之间都与五行运转规律相适应。而企业作为一个有机的生命体，亦可以用五行规律来解释。企业的经营活动只有顺应了五行运转规律，才能得到健康有序地发展。阿米巴经营之所以能够帮助企业取得成功，关键就在于其把握住了各个部门之间相生相克的关系，使各个部门之间实现了协调发展。

发展较为成熟的企业，常常设有企业策划部、采购运输部、生产研发部、产品销售部、财务管理部。企业策划部主要负责企业大政方针和发展规划的制定；采购运输部主要负责生产所需原材料的采购和运输；生产研发部主要负责生产适应市场需求的产品和研发新产品；产品销售部主要负责将生产出的产品销售出去转化为利润；财务管理部主要负责进行财务核算，以核算结果来反映企业的经营状况。

一个健康的企业，其各个部门之间的运作方式必然是与五行相生规律相适应的。在企业经营中，策划是第一步，有了策划才能按照策划方案进行原材料的采购；采购了原材料才能进行产品的生产和研发；生产出更多的产品才能获得销售利润；获得销售额才能进行财务核算；通过财务核算才能明晰企业的经营状况，保证策划的准确性和科学性。企业各个部门之间始终都保持着这种相生相依的关系。

同时，企业的各个部门之间又存在着相互克制、相互制约的关系。如策划方案的改变必然会对产品生产产生影响；原材料的采购价格也会影响产品的销售价格；产品的产出量则直接影响着企业销售利润的高低；产品的销售状况也必然会对下一轮的企业策划产生影响；企业的财务状况又直接决定着下一轮的原材料采购价格。

在互生互克关系的制约下，企业在生产经营过程中可能会因某一部分出现问题而失去平衡。针对这种情况，阿米巴经营从整体出发，制定了总体的企业战略目标。在整体目标的统领下，阿米巴经营还帮助各个部门制定了各自的经营目标，并时刻跟踪各部门对于目标的完成情况，从而有效避免了问题的出现。

当企业的运行方式与五行相生相克的规律相协调，企业就能达到和谐发展；当企业某一部分的运作出现问题，原有的平衡被打破，企业就会失去活力。五行运转规律具有普适性，企业只有掌握经营管理的精髓，把握住各个部门之间的生克关系，才能使企业机体达到最佳状态。

治企如医人，企业经营之道与医者治病之理始终神髓相通。阴阳之道，互依互化；五行之律，相生相克。一个生命力旺盛的企业，其经营之道必合阴阳，其运作之律必循五行。无论是医者治病，还是管理者治企，始终都处于平衡阴阳五行的过程之中。

医人与治企价值指向相同

中医“济世救人，仁爱为怀”的人本主义思想自古有之，“大医精诚”作为传统中医文化的思想精髓，更是被历代医家所尊崇。中医在行医时，时刻都秉持着以人为本的价值理念，不断修炼自己的医术，以赤诚之心对待每一位病人。而阿米巴经营深受东方文化的影响，其核心价值理念亦是以人为本，始终将人放在第一位。

⊙ 医者仁心，止于至善

人者，本也。中医治病始终以人为立足点，以人为本。诚如《黄帝内经》中所载：“天覆地载，万物悉备，莫贵于人。”晋代名医杨泉在《论医》中说：“夫医者，非仁爱之士不可托也。”自古以来，中医就一直秉持着“仁爱为怀，生命至上”的人本主义理念，以仁爱之心待人，以仁爱之术医人。

“医者仁心”，“仁”不仅是做人的基本要求，也是医者行医所追求的最高境界。深受儒家文化的影响，中医的“仁爱”思想蕴含着丰富的人文底蕴。在“仁爱”思想的滋养下，无论是古代医家，还是当世的中医，始终都怀着仁爱之心，对患者倍加呵护、关爱有加。

“平等博爱，一视同仁”是中医“仁爱”思想的一个重要体现。如“药王”孙思邈在《千金要方》中写道：“若有疾厄求救者，不得问其贵贱贫富，长幼妍媸，怨亲善友，华夷愚智，普同一等，皆如至亲之想。”又如“医圣”张仲景，怀着“仁术济世”之心，“上以疗君亲之疾，下以救贫贱之厄”。他们对待病人的态度，行医的方式，无不体现出平等博爱、一视同仁的“仁爱”思想。

“尊重病人，以礼待人”是中医“仁爱”思想的另一个重要体现。中国古代医家对待病人时都会以礼相待、温和谦让，毫无轻侮傲慢之心。尤其是对待年长的患者，他们更是毕恭毕敬，十分注意自己的言谈举止。正如《黄帝内经》中强调，医者要“入国问俗，入家问讳，上堂问礼，临病人问所便”。也就是说，医者要想病人之所想，尊重病人、理解病人、关心病人。医者只有具备这种谦虚、礼貌的态度，在行医时才能得到病人的配合。

“仁爱”不仅仅是医者所具备的道德修养，也应该成为每一位管理者所必备的素养。稻盛哲学的核心就是“敬天爱人”。稻盛和夫认为人应该常怀敬畏之心、感恩之心和利他之心。因而阿米巴经营始终本着“经营人心”的初衷，把追求全体员工的幸福放在企业理念的第一位。在企业经营中，大家只有互相体谅、互相尊重，才能建立一种坚不可摧的伙伴关系，共同开创事业，共迎美好未来。只有将人心凝聚起来，大家同心同德，共荣辱，同进退，企业才能经得起市场的考验，实现长久发展。

“仁爱之心”作为中医思想的核心价值体现，几千年来一直被医者奉为行医准则，并广泛受到患者的认同。而在医患关系异常紧张的今天，这种仁爱思想更应该被大力提倡和宣扬。若每一位医者都能把握住“仁爱”

思想的内涵，时刻以“救死扶伤”为己任，尊重每一位病人，就能够建立一种和谐的医患关系，达到一种“执中致和”的境界。若每一位管理者都能常怀“仁爱之心”，就能将员工的心凝聚到一起，发挥员工的合力，助力企业经营。

⊙ 大医精诚，无德不立

唐代名医孙思邈在《千金要方》中提出了“大医精诚”的思想主张。精，即精湛的医术；诚，即高尚的道德修养。所谓大医精诚，就是说医者必须时刻修炼自己的医术，精益求精，同时还要具备高尚的品德修养，为病人尽心尽力，只有这样才能被称为“大医”。

“大医精诚”作为中医思想的精髓，强调医德的重要性，同时要求医者要做“至精至微之事”，习医之人必须“博极医源，精勤不倦”。因而中医的“大医精诚”理念既包含“审慎严谨，精勤不倦”的行医态度，又包含“清廉尚义，淡泊名利”的道德追求。

传统中医始终秉承审慎严谨、精勤不倦的行医态度。医者要想提高自己的医术水平，成为“大医”，就要勤奋治学，博览医著，精研医术。历史中著名的“大医”无一不是通过此法取得伟大成就的。如东汉名医张仲景，“勤求古训、博采众方”，终成传世巨著《伤寒杂病论》。世界上任何事情都大不过生命。唐代医药学家孙思邈在《千金要方》自序中指出：“人命至重，有贵千金；一方济之，德逾于此。”因而医者在行医时必须审慎严谨，同时还要刻苦钻研，只有拥有精湛的医术，才能挽救病人的生命。

传统中医始终坚持清廉尚义、淡泊名利的道德追求。中国儒家文化主张重义轻利，在这种价值观的熏陶下，中医也始终以“廉洁行医、淡泊名利”作为价值追求。“非廉洁淳良，不可信也”“无恒德者，不可以作医”，这些医学理念正是强调了道德品质对于医者的重要性。医者必须怀有赤诚之心，以诚待人，甘愿为病人尽心尽力，而不谋名利。若能做到如此，当医者的仁德之心传播出去，自然求之者众。

“大医精诚”要求医者要做到德术兼备，也就是说，医者既要习得治病之术，又要懂得行医之道。同样，在企业经营中，管理者和员工也必须做到“精”和“诚”，只有德才兼备，才能使自己获得利益回报，从而更加积极地投入到企业经营中，形成良性循环。

稻盛和夫对于“精”的要求与医者对于医术的追求不相上下。稻盛和夫的成功学可以说是扎扎实实、满头流汗的成功学，对员工的能力要求非常高。在阿米巴经营模式下，高层领导必须依据决策程序进行经营决策制定；财务部门必须依据会计原则进行报表制作和财务核算；一线员工必须精益求精地进行产品生产。总之，每一项业务活动都是极其科学严谨的。

稻盛和夫对于“诚”的追求更甚于做事之术。“作为人，何谓正确？”这是稻盛和夫遵循的最基本的判断基准。他认为人一定要常怀利他之心，于领导而言，要把员工放在第一位；于员工而言，要贯彻顾客至上主义；于团队而言，要坚持公平竞争的精神。无论在生活中，还是在工作中，只要以利他之心作为判断基准，就能保证方向正确，获得长久的幸福。

大医精诚，无德不立。医术是医者行医的基础，而医德则是医者行医的道德追求。医术精湛者，若无医德，则不能谓之“良医”；医德高尚者，若医术平平，亦不能谓之“大医”。古之“大医”，皆精诚兼备，德术双馨。

中医在中国传统文化的孕育下逐渐发展起来，因而蕴含着丰富的人文内涵。中医始终秉承着“仁爱为怀，大医精诚”的人文理念，尊重人、理解人、关爱人。而阿米巴经营受到东方文化的熏陶，亦将以人为本作为核心理念与价值追求。在共同的价值指向下，医者致力于追求医术精湛、医道精微的行医境界；管理者致力于追求精于做事、明于做人的经营理念。

医人与治企终极目标一致

儒家思想以“仁”为核心，以伦理为本位，主张致仕之人要修身、齐家、治国、平天下。在传统文化的熏陶下，中医也有着崇高的使命感和责任感，始终把“救民济世”作为终极目标追求，以期国家强盛，百姓安康。而阿米巴经营深受东方文化的影响，亦以“为顾客提供最好的服务，提升企业的社会价值”为终极目标，以期为社会的发展做出贡献。

⊙ 上医医国，儒医济世

早在中国古代，医者就开始开门坐堂，以医道普济众生，以医术为病人解除病痛。“悬壶济世，拯救苍生”亦是他们终身的行医目标。

精于医道，且乐于救民济世之人，可谓之为真正的“上医”或者“儒医”。唐代孙思邈在《千金要方》中就说道：“古之善为医者，上医医国，中医医人，下医医病。”这充分体现出了古代医者所具有的社会责任感和历史使命感。自古以来，医者都遵循着中医之道，以精湛的医术和高尚的德行践行着“救民济世”这一终极目标。

历史上，“救民济世”之举不乏先例,《后汉书·费长房传》中就记载着这样一个故事。相传在汉朝时，有一位卖药的老翁给人看病十分灵验，并且乐善好施，药无二价，从不欺人。某年夏天，河南一带闹瘟疫，死了很多人，很多医者都对这一恶疾束手无策。在这种状况下，这位老翁研制出了专治这种病的药丸，并放进了葫芦里，只要有人来求医，老翁便从葫芦里取出一粒药丸让病人服下。就这样，吃了这种“神药”的人，身体都逐渐好转起来。虽然老翁治病救人的故事带有一定的传奇色彩，但其救民于水火之中的仁爱之举却真实地反映了古代医者所具有的高尚德行。

医管同源，中医之理和管理之道更是神髓相通。因而同中医所追求的“救民济世”的终极目标一样，企业也应该尽力提升自己的社会价值，为社会的发展做出贡献。阿米巴经营就要求企业和管理者要承担起社会责任，不仅要努力追求员工的幸福，实现员工的个人利益，还要达成企业的经营目标，实现企业的团队利益，更要努力回馈社会，实现社会的整体利益。

为了达成这一终极目标，阿米巴经营倡导员工要以精进之心克服惰性，努力为社会、为他人而积极工作。只有拥有这种美好的心灵，才能让自己更幸福，让企业更具有生机，让社会更加美好。因而每一位员工都应该心存美好，并不断地践行企业的终极目标。若每一个人都能将一己之力发挥到最大，就能共铸美好未来。

上医医国，儒医济世。每一位怀有仁心的医者皆以“救民济世”作为终身的奋斗目标与价值追求。他们不仅诊察一人之病，更诊察天下之病，始终以“救民济世”为己任。而在企业经营中，阿米巴经营亦倡导企业要承担起社会责任，努力提高自己的社会价值。

⊙ 道法自然，终其天年

中医“救民济世”的价值追求并非一个遥不可及的美好幻想，而是可以通过历代医家的践行来实现。古之大医在行医时皆遵循中医之道，以医道使病人得以彻底摆脱病痛，寿长而善终。即使时光流转，岁月更迭，中医之道一直在发挥着其价值，指导着医者的行医实践。中医之道，是医者践行“救民济世”这一终极目标追求的最佳举措，也是企业实现社会价值的成功之道。

中医之道，在于“道法自然，无为而无不为”的行医境界。无为而无不为，就是说人不能去干预自然的运行，做违背自然之事；而是要遵循自然之理，做遵循自然运行逻辑之事。人体的生理活动与自然界的变化规律始终是相适应的。因而中医在开方下药时，讲求要顺应四时之变化，遵循自然之道。在春夏之季要顺应生长之气以养阳，在秋冬之季要顺应收藏之气以养阴。如此才能调养病人身心，使其快速恢复健康。

阿米巴经营亦遵循自然之理，其大政方针政策的制定皆顺应市场环境之变化，真正达到了人企合一，天人相应的管理境界。另外，阿米巴管理者还通过将权力下放，充分给予员工自主经营的权力，使人人成为经营者，达到了一种近乎“无为”的经营境界。

中医之道，在于“未病先防，既病防变”的治病理念。中医对疾病的诊治，以养生防病为先。《黄帝内经》中有言：“是故圣人不治已病治未病，不治已乱治未乱，此之谓也。”上医皆能治疗未病，采取相应的方法，防止疾病的发生和发展。这突显了医者对生命的敬畏之心，对患者的关爱之心，对天下人的怜悯之心。

而阿米巴经营同样体现了中医“防病于未然”的养生理念。每一次的疾病侵袭都会给机体带来重创，因而使企业终其天年的最佳方法也是“未病先防”。阿米巴经营通过哲学教育，将人心彻底改变，从源头上扼杀了企业内部的“邪气”，使每位员工都开始积极努力地工作。

中医之道，在于“阴平阳秘，精神乃治”的平衡观念。中医在治病时着力于调整人体的阴阳状态，以使阴阳平衡，正气存内。只有“法于阴阳，和于术数，饮食有节，起居有常，不妄作劳，形与神俱”，人才能尽终其天年，度百岁乃去。只有调和阴阳，才能使人精力充沛，身体健康。如《黄帝内经》所云：“精神内守，病安从来”，中医治病的重心就在于保养人的精、气、神。

人的生命活力依靠的是正气；企业经营同样如此，也需要精神支撑。于企业而言，企业文化就是支撑企业生存发展的“正气”，是企业得以延续的根基，是企业生生不息的源泉。阿米巴经营成功的关键就在于企业文化的塑造和完善。一个企业，只有积极塑造企业文化，才能使其基业长青，经久不衰；才能使其明确社会责任，为社会的发展和进步做出贡献。

儒医皆以“救民济世”为己任，上医皆以中医之道治天下。中医之道是顺应自然之道，是防病治病之道，是平衡阴阳之道……医者只有遵循中医之道，才能使病人恢复健康，终其天年，进而才能维护国家安宁，使百姓安康。同样，于企业而言，只有秉承中医之道，企业机体才能坚不可摧，度百岁而不衰，进而才能践行自己的社会责任，为社会的发展做出更大的贡献。

医人与治企方法手段相似

中医的诊治过程是一个辨证论治的过程。辨证，就是通过四诊合参来收集病症、分析病症；论治，就是根据辨证的结果，确定相应的治疗方法，而后再以组方之原则、配伍之规律进行择方和配药。医者只有通过辨证论治，将药物进行有机组合，才能开出对症之方，治愈疾病。与之类似，企业的管理过程亦是一个“辨证、立法、择方、配药”的辨证论治过程，其管理方法和手段皆与中医治病之法有着相似之处。

⊙ 四诊合参，以证立法

《黄帝内经》上讲医者治病要“谨守病机，各司其属”，也就是说，医者要以“证”作为治疗疾病的切入点，谨慎地审查每种疾病的病机，分析并掌握病机的归属及其与病症之间的内在联系，如此才能辨证准确，立法精当。于企业而言，审查企业的“病机”，亦是企业管理的关键。

扁鹊创立的四诊法就是用以审查病机、辨明病症的基本方法。四诊法，即望诊、闻诊、问诊、切诊。望，指观气色；闻，指听声息和嗅气味；

问，指询问症状；切，指摸脉象。每种方法各有其独特的作用，不能相互取代，并且这四种方法之间不是孤立的，而是相互联系、相辅相成的，医者必须综合运用。

在诊断疾病时，中医历来就十分强调“四诊合参”。对于前来求诊的患者，医者不仅会运用看、听、嗅、触等感官功能，还会与病人进行交谈，向病人询问病情，而后将收集到的病情信息进行综合分析，以全面了解病人的病症，从而做出由表及里的科学诊断。

“四诊合参”是医者诊断时遵循的基本方法，亦可成为企业管理的基本法则。观察市场动向、倾听顾客心声、了解企业发展状况、切准内在缺陷，就是阿米巴经营的“四诊法”。根据“四诊合参”收集到的信息，阿米巴管理者不断地对组织进行划分和整合，以使其达到适应市场的最佳状态。

以四诊法明确病机、辨明病症后，就可以根据辨证的结果确立治法。中医治法主要包括正治与反治、治标与治本、治疗八法等。在确立具体的治疗方法时，可以选择一法单用，也可以根据病情需要将多种方法进行综合运用。

《黄帝内经》有言:“逆者正治，从者反治。”正治，是指使用与病情性质相反的药物进行治疗，如寒者热之。反治，则是指顺从病症的外在假象而治，如热因热用。在医学实践中，正治法的使用范围较广。但无论是正治还是反治，医者都是根据内在病因选用药物的，而不是依据外在假象。企业管理亦是如此，阿米巴经营多以“正治”之法整治企业内部乱象，通过制定经营理念以治人心涣散之病，通过制定核算制度以治财务管理混乱之病，通过划分组织形态以治组织结构混乱之病。

治标与治本也是中医常用的治疗法则。标与本是相对而言的，不同情况下标与本所指不同。就人体与疾病而言，人体为本，疾病为标；就病机与症状而言，病机为本，症状是标。而在企业管理中，人心为本，制度为标。分清标与本，就能够在治疗时分清轻重缓急，抓住治疗的关键。《黄帝内经》上讲“治病必求于本”，阿米巴经营以人心为本，通过哲学教育，将员工的心凝聚到了一起，从根本上“治愈”了企业。

另外，在确立具体的治法时，必须以治疗八法为基础，在其范围内进行选择。治疗八法，即汗、吐、下、和、清、温、补、消。针对某种具体病症，医者可以根据辨证结果选定相应的治疗方法，可单用一法，亦可多法并用。企业管理同样如此，管理者要根据企业的“病机”，灵活运用多种治企方法。

无论是诊法还是治法，企业管理与中医治病皆可融会贯通。企业管理者只有通过“四诊合参”辨明病症，切准病机，对某个病症的整体状况有了充分的了解，才能依据治疗法则确立具体有效的治疗方法，而后才能以法统方，进行遣方用药，最终使“疾病”得以治愈。

⊙ 遣方用药，七情和合

方剂是中医治疗疾病的主要手段，同时也是治法的具体体现。“药有个性之专长，方有合群之妙用。”方剂的组成并不是将各味中药进行简单的罗列，医者在遣方用药时，不仅要根据治法选择合适的药物，酌定其剂量，还要遵循一整套行之有效的原则和规律，力求方剂的科学性，以发挥其最佳疗效。

中医遣方用药的原则主要包括“君臣佐使”的组方原则、“七情和合”的配伍规律以及“三因制宜”的用药法则。于企业而言，管理者在“遣方用药”时亦要遵循这些原则和规律，如此才能使企业充满生机活力。

方剂的组成要遵循“君臣佐使”之原则。中医用药须合君臣佐使，讲求要安排好各味药之间的关系。一方之中，君药起主要治疗作用；臣使药则辅助君药发挥疗效。因而在开方下药时，君药是必不可少的，且分量最重，而臣使药则可酌情使用。在阿米巴经营中，经营哲学为“君药”，经营会计和组织机制则为“臣使药”。无论市场环境如何变化，经营哲学始终作为阿米巴经营的根基，发挥着“君药”之力。

药物的配伍要遵循“七情和合”之规律。七情，即单行、相须、相使、相畏、相恶、相反、相杀。《神农本草经》有载：“凡此七情，和合视之。当用相须相使者，勿用相恶相反者。”与之类似，在企业经营中，对于一些简单的小问题可选用一味药进行治疗，而对于较为复杂的“重病”，则需要使用两种以上的药物。如破产前的日航，企业内部已经千疮百孔，面对这个处于生死边缘的企业，稻盛和夫将多种药物合用，最终使其重获新生。

遣方用药还要遵循“三因制宜”之法则。三因制宜，即因时、因地、因人制宜。“人与天地相参也，与日月相应也。”人体与自然界的变化规律是息息相通的；而企业与社会经济环境也密切相关。因而中医在治疗疾病时要对气候特点、地域环境以及病人的体质特点进行全面考虑；管理者也要根据企业的自身特点选用合适的管理模式，还要根据市场环境的变化对管理方法和组织结构进行及时调整。

药在精而不在多；方在简而不在大。中医遣方用药如同用兵打仗，要先侦察敌情，作出精密部署，而后合理配伍，避免相恶相反，如此才能治愈疾病。

企业如人体，也是一个有机的生命体，因而对于患病的企业，管理者亦可以医理医之。辨证、立法、择方、配药，医者通过辨证论治，可以延续病人的生命；管理者通过辨证论治，可以使企业得到长远发展。因此，医人之法与管理之法并无二致，皆是拯救生命之法。

方法篇

第四章
一套诊法，获阿米巴组织玄机

战国名医扁鹊，以自己多年的行医经验，首创“望、闻、问、切”四种基本诊法，用以诊察疾病。扁鹊始创的“四诊法”，是由表及里的科学诊断方法，代表了他极高的诊治水平。

望诊，作为扁鹊诊断实践的第一步，是指通过对患者的神色进行观察，以初步了解患者病情；而后通过闻诊和问诊，听声音、问症状，以辨别内在病因；最后，通过切诊，摸清脉象，以了解病人所患病证的内在变化。通过“四诊合参”，医者能够准确地判断出病人的病情，从而对症下药，帮助患者恢复健康。

科学的诊法，能够指导医者实践，同样也可以用来指导企业经营。在进行阿米巴组织构建时，也需要依据科学的方法，循序渐进，一步一步展开。本章将通过中医诊法理论来窥探阿米巴组织玄机，解读阿米巴组织的构建过程。

望为神，组织架构与设计

“望而知之谓之神”，望诊作为中医诊断实践的第一步，是指中医运用视觉对病人的神、色、形、态等进行观察，以诊断疾病的方法。而在阿米巴经营中，“望诊”的基本途径就是通过对企业组织进行“诊察”，明确职能型组织架构的内在缺陷，洞悉阿米巴组织架构的特点和优势，从而对企业的组织结构进行科学合理的设计。

⊙“诊”缺陷，辨差异

医者在诊治疾病时，会先通过望诊来观察病人的神色状况，以进行初步诊断。而在企业诊断中，经营者同样需要通过“望诊”来对企业的组织结构进行初步“诊断”，以判断其是否能够支撑企业的发展。

目前大多数企业仍采用职能型组织结构，即按职能来进行部门分工，这是一种金字塔式的等级制结构，其固有的内在缺陷较为明显。在这种模式下，人与人之间，人与角色之间的关系都是确定的，且长时间保持不变，组织结构十分僵化。另外，各职能部门都强调本部门利益，这种本位主义思想极易造成内部摩擦。因此，在时刻变化的市场环境下，职能型组织结构已无法保持企业的竞争优势。

一旦药方失去疗效，医者就需要重新寻找治愈疾病的最佳治疗方法，并重新开方；而阿米巴组织架构就是“医治”企业的新“处方”。阿米巴组织架构是一种套娃式的组织结构，由许多个“小阿米巴”组合而成。在这种组织管理模式下，员工可以直接面对顾客，向公司的总体目标负责，从而以群体协作的优势赢得市场地位。

于药方而言，“旧方”与“新方”的差异，绝不仅仅是某味药材的置换，而是在于重新配伍用药后，新药方的疗效得到了最佳发挥，治疗作用增强。与之类似，职能型组织架构与阿米巴组织架构的差异，绝不仅仅在于表面的组织结构形式上，更有着本质上的差异，如表 4–1 所示。

表 4–1　职能型组织架构与阿米巴组织架构比较

项目组织类型	职能型组织架构	阿米巴组织架构
权力结构	较集中、等级少	分散、多样化
沟通方式	上下级之间，沟通距离长	上下级之间，平级斜向沟通
职责	附加于具体的职能部门	很多成员共同分担
通信方式	传统通信方式	现代网络化通信方式
协调	明确的规定管理程序	手段多样、注重直接沟通
持久性	倾向于固定不变	持续地适应最新情况
适用环境	较稳定	快速变化
企业驱动力	高层管理者驱动	市场需求驱动

采用职能型组织架构的企业一般由高层管理者驱动，其权力结构较为集中，体制也较为僵化。与之相比，阿米巴组织结构则规模较小，灵活多

变，且富有创造性，更能适应市场环境的变化。因此，这两者之间的差异是领导学与阿米巴经营哲学之间的本质差异。

医者通过望诊来诊察病人的身体状况；而经营者通过“望诊”则可以“诊察”出职能型组织架构与阿米巴组织架构之间的差异，进而明确阿米巴组织架构的优势。

套娃式，分层次

“君臣佐使”是医者开方下药时遵循的最基本的配伍规律，它讲究用药的层次感，既要有治疗主病的君药，又要有起辅助治疗作用的臣使药。而套娃式的阿米巴组织结构，就是由大到小、由上到下的分层次的组织结构，如图 4–1 所示。

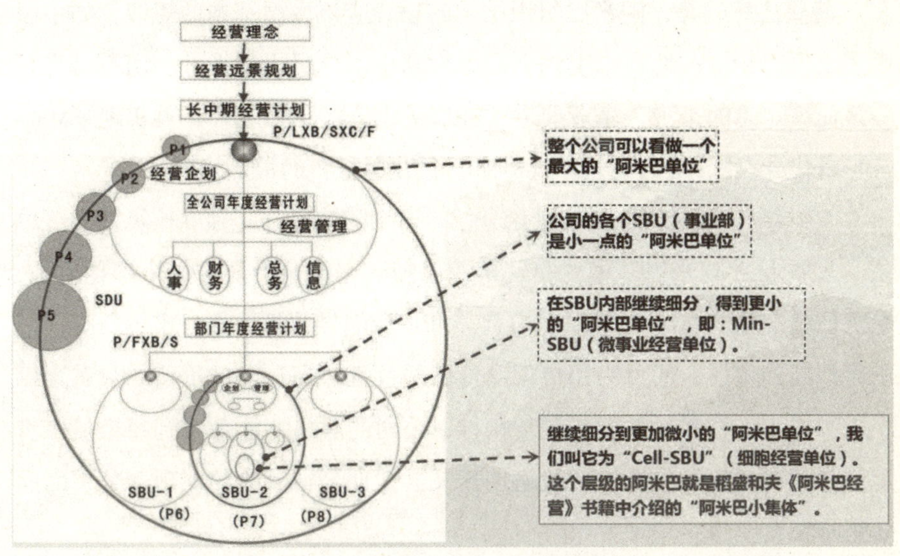

图 4–1　套娃式的阿米巴组织结构

配伍用药的方式方法可以反映医者的诊治思路；而套娃式的组织结构则可以反映阿米巴经营的逻辑。首先，经营者可以从图 4–1 中看到新事业创造及经营的实践演进，如 SBU（战略事业部）的多样性开发、事业量化分权、新事业开发等。其次，经营者也可以看到战略在阿米巴组织中的三个基本层次，即战略政策 / 整体体制、战术政策 / 部分体制、战斗政策 / 团队体制。最后，经营者也可以从中思考并掌握一些问题，如如何设计最优的组织结构，如何构建企业的计划体系以及依托体系，如何进行量化分权并开展组织业绩管理与评价活动等。

那么，如何设置套娃式的阿米巴组织结构呢？经营者可以先把整个公司看作一个大的阿米巴，把 SBU 看作小一点的阿米巴，然后把 SBU 继续划分为小的阿米巴、微事业经营单位，再继续划分为 Cell-SBU，即稻盛和夫讲的阿米巴小集体。

需要注意的是，阿米巴组织结构的设置应该遵循基本的规律，如中医由表及里的诊治一般，由上到下，由大到小，分层逐步推进，切不可妄想一蹴而就。总的来说，企业要以“SBU 量化分权”为基础，再实现“Min-SBU 量化分权”，最后到达“Cell-SBU 量化分权”的最高境界。

套娃结构实质上是 SBU 量化分权，每个阿米巴都是独立核算的经济单位。实质上，“阿米巴”模式是“事业部制”在企业中的进一步深化实施，是更加精细化的 Min-SBU 量化分权。SBU 所倡导的是人人对市场负责，员工是创新的主体，通过为用户创造价值的过程体现自己的价值。只有当每个人都成为经营者，并拥有创新精神，公司的战略才能落实到每个员工身上。与此同时，每位员工的战略创新又会保证公司战略的实现，公司因而获得持续发展。

套娃式的阿米巴组织架构这一新的“处方”，能够使最基层的阿米巴组织发挥出最大的“药效”；能够让企业高层及时掌握各个阿米巴组织之间的经营状况，从而灵活地应对市场变化；还能够使员工产生经营者的意识，积极投入到工作中，为公司提供发展的动力。

⊙ 设组织，依条件

有效的药方需要医者依据组方原则对药材进行科学配伍；而合理的组织结构则需要经营者依据一定的前提条件进行科学设计。

阿米巴组织结构设计，即通过对组织资源的整合和优化，确立阿米巴经营管控模式，实现组织资源价值的最大化和组织绩效的最大化。阿米巴组织结构设计的过程实质上就是组织变革的过程，它是把企业的任务、流程、权力和责任重新进行有效组合，并加以协调的一种变革。

中医在治疗疾病时会把病人的身体状况作为诊治的前提条件，只有这样才有可能药到病除；而组织结构设计也要依据一定的前提条件来进行，只有这样才能增强组织的执行力和战斗力，提高企业的运行效率和经济效益。阿米巴组织设计的前提条件，具体如下：

一是企业战略目标。企业战略目标决定着企业组织结构，同时企业的组织结构又在很大程度上影响着企业战略目标的实现。因此，只有对本企业的战略目标及其特点进行深入的了解和分析，企业才能设置出符合自身发展的组织结构。

二是客户价值。客户是企业经营的根本。经营者要从客户的长远价值出发，对不同行业的客户需求要有专业且深入的了解，能够根据客户需求改造服务与产品，并且具备向长期客户提供服务和产品的能力。

三是技术创新。企业只有拥有创新能力，才能开发出市场上领先的产品。因此，企业要围绕产品类别灵活改变组织结构，以随时重新组合支持新技术的开发；产品设计和市场营销人员要共同协作，以确保产品、技术的市场化；而专业部门要作为后援组织服务于整个企业。

四是企业环境。如果企业面临的环境复杂多变，那么，为了增强企业对环境变化的适应能力，就需要给中下层管理人员较多的权力。如果企业面临的环境是稳定的，则可以设计比较稳定的组织结构，实行程序化、规模化的管理，把管理权较多地集中在企业领导手中。

另外，组织结构可能还会受到诸如业务种类、数量和地区分布等因素的影响。当业务种类和数量越来越多，地区分布越来越广的时候，企业就需要采用阿米巴组织结构形式，进行更多的分权。总之，阿米巴组织结构设计必须充分考虑前提条件，根据企业具体情况而定。

中医的“望诊”要求企业经营者要独具慧眼，能够辨明不同组织结构的优劣，从而设计出适合本公司发展的组织结构。阿米巴组织架构是一套科学完备的组织管理模式，在这种管理模式下，企业充满了生机与活力，每个阿米巴组织都能根据市场变化迅速地做出改变，进而保证企业的良好发展。

闻为圣，组织划分与组建

“闻而知之谓之圣”，中医通过听声音来诊察疾病，并将“闻诊”称为诊法之“圣”；而阿米巴组织划分亦为阿米巴组织构建之“圣”。稻盛和夫说：“组织划分决定阿米巴经营的成败，它是起点也是终点！”可见组织划分对于企业实行阿米巴经营的重要性。于企业而言，“闻诊”的基本途径就是通过听市场的需求声和客户的心声来把握组织划分的原则、方法和步骤。

⊙ 重目的，遵原则

疾病的痊愈需要合理配伍的药方作为支撑；经营目的的实现则需要强大的组织结构作为支撑。为了实现阿米巴经营目的，确立与市场直接挂钩的分部门核算制度，实现全员参与的经营，企业在进行组织划分时，必须倾听市场的需求，遵循一定的原则。

首先，要遵循客户导向原则。

医者在行医时坚持以人为本，常常根据病人的需求来调整药方；管理者在经营企业时亦要以客户为中心，根据客户的需求提供产品和服务。客户是给企业带来经济效益的主要群体，是企业生存发展的根本。在进行组织划分时，要以“客户”为主要导向。一旦客户的角色发生改变，划分的经营单元也要随之调整。

其次，要遵循独立原则。

每一位医者都拥有独立诊断的能力，独立思考能够保证医者头脑清晰，从而更准确地判断出病人的身体状况。同样，管理者在进行组织划分时也要保证每个单元能够独立经营。独立经营的关键就是保证收支独立和业务独立。收支独立，能够使经营者清晰了解自己的经营成果，激发员工的工作热情和创造能力。业务独立，能够使产品直接迎合市场，让员工获得自己的劳动成果，体会到成就感。

最后，要遵循整体运行原则。

人是一个有机的整体，若某一部分受到损害，其他部分也将受到影响。因此，中医在诊治时往往从整体把握，注重各个部分之间的联系。企业也是一个有机的整体，在进行单元划分时要从全局考虑，以提高企业的整体效益为前提。各个阿米巴单元之间不能互起冲突，要相互沟通配合，为实现企业的战略目标而共同努力。

原则是指行事所依据的准则，可以用来指导实践。医者在行医时遵循原则，能够使病人痊愈；企业在进行组织划分时遵循原则，能够保证每个阿米巴组织的合理性。总之，遵照原则行事，会取得事半功倍的效果；违背原则行事，则会产生严重的后果。

⊙ 细划分，讲方法

中药品类繁多，但每一味药材都有其特定的效用。而阿米巴经营就旨在把企业划分成若干个小集体，再把每个小集体都按小公司的方式组建起来，让每个小阿米巴组织都能如中草药一般发挥其特定功效。在进行组织划分时，若要让每个阿米巴组织的“药效”得到最大限度发挥，除了要遵循一定的原则，还要讲究一些方法。

第一种是横向划分法，强调横向取势和专业分工。中医在开中药处方时，会安排好各味药的关系，注重每味药材之间的互相补充，互相配合；而横向划分也能够使每一个业务单元成为作战模块，互相配合，互相支援，从而更好地发挥组织结构效能，形成完整业务链，实现公司整体效益的提升。

横向划分可以按照四大维度来进行。一是价值链维度，评估阿米巴经营中产出价值较高的环节，从而在高产出环节增加投入，以获得更多收益；二是产品维度，按产品设置若干阿米巴，把与产品有关的生产、销售、服务等业务活动，组织在这个产品阿米巴之中，并且由该阿米巴总管；三是区域维度，在企业规模比较大、销售地区比较广、工厂较为分散的情况下，企业需要按地区划分阿米巴；四是顾客维度，如果产品的顾客类型和市场不同，可按顾客成立阿米巴。

第二种是纵向划分法，强调在政策统一的条件下，充分授权下级，强化市场应对能力。“君臣佐使”是中医最基本的配伍用药原则，这是一种纵向思维，“君药”治主病，起统领作用，其他三昧药用来辅助君药，以发挥更好的疗效；而纵向划分的特点就是“集中决策，分散经营”，能够最大限度地把管理权限下放到下级阿米巴，充分发挥各个阿米巴组织的积极性和主动性，实现自主经营。

在进行纵向划分时需要注意两个要点，一是自下而上，逐级细分，从一级阿米巴到七级阿米巴，要逐级分权，纵向取势；二是统一指挥，合理放权，清晰经营链。每个下属只能向一个上级主管负责，不能向两个或者更多的上司汇报工作。

中草药数目繁多，必须按照一定的方法进行分类，才能方便使用。明代李时珍在《本草纲目》一书中，根据生态和性质的不同，将药物分成了六十类；组织划分也不是盲目进行的，同样要遵循一定的原则和方法，并需要根据市场的变化不断地对经营单元进行重组、合并，用各个阿米巴经营单元的合力推动企业的发展。

⊙ 划单元，循步骤

“先诊再治”是中医治病时坚持的基本步骤，“诊”也要分“望、闻、问、切”四步来进行。同样，企业在进行组织划分时也要遵循一定的步骤，先确定结构，再进行细化分割。具体来说，组织划分可以分为四步来进行。

第一步是确定组织结构。

诊断是治病的前提和依据，医者行医时先要辨明病情，才能对症下药；管理者在经营企业时也要先明确企业的战略，确认总公司的组织结构，包括企划部、经营管理部、财务部、行政部等，而后再“辨证施治”。在企业发展初期，可以将行政、人力资源等后勤部门并列归入一个综合管理部，这样可以集中财力和资源保证研发、生产、销售等基本职能的运营。

在治病时，将药效相近的药材一起使用，只会造成药材的浪费。对于企业来说，减去多余的部门，将最基本的职能单元组建好，就能有效地避免由于人员繁多、部门虚设等造成的资源浪费。

第二步是确定经营单元轮廓。

管理者在辨明“病情”的情况下，就可以进行初步的“开方下药”。企业可以根据价值类型将各个部门区分成可直接创造利润的部门（如生产和营销部门等）和间接创造利润的部门（如行政部和人力资源部等）。并以此来确定经营单元的轮廓，对企业进行初步划分，如生产、销售、研发等。

第三步是对经营单元轮廓进行细化分割。

每个病人的体质都是不同的，医者需要根据病人的体质和需求对药方进行细致调整；管理者在对组织进行初步划分后，还需要根据不同部门的类型特点，并结合市场变化与客户需求，对经营单元进行精细划分，使每个经营单元都能够实现独立经营，直接迎合市场。

阿米巴组织的细化分割，意味着领导的经营权也随之下放，他们从管理者转变成了经营者。部门领导开始从高层深入一线，去了解员工真实的工作状况，倾听客户的真实心声。通过“闻诊”，领导明确了市场的需求，从而在以后的经营实践中制定出了更加准确、更加具有指导性的决策。

第四步是对经营单元进行合理评估及判断。

“开方下药”并不意味着诊治过程就结束了，中医还会通过行医实践，根据病人的恢复状况，来评估自己所开的药方是否真的合理；企业在划分好经营单元后，亦要对每个经营单元进行公平地评估，来检测组织划分是否合理。

企业可以从各个单元的成本投入、劳动时间、工作的难易程度以及同类产品的市场评估等多方面，一节一节地评估各个环节的经营单元所产生的价值。部门领导要依据评估的结果，平衡各个经营单元的利益分配，避免出现经营单元“多付出少价值”或“少付出多价值”的现象。

只有遵循了完整的单元划分步骤，才能使各个阿米巴发挥出经营管理的积极性和创造性，使领导层摆脱日常行政事务的束缚，从而成为坚强有力的决策机构。

病人的病情一直处于发展和变化之中，医者需要根据病情的变化来调整药方和诊治方法。与之类似，阿米巴组织划分组建完成之后，也不能一成不变，需要根据市场经济环境的变化灵活地调整阿米巴组织，将每个组织都调整到最佳状态。

阿米巴组织的划分与构建是阿米巴经营的起点，是企业经营之本。管理者通过“闻诊”，在倾听市场需求和客户心声的基础上进行组织划分，能够为企业培养具有管理能力和战略意识的人才；能够让企业高层实时掌握每个阿米巴之间的经营动态，灵活应对市场变化，从而改善企业的经营状况，提高企业的整体经济效益。

问为工，组织形态与优化

“问而知之谓之工”，问诊作为中医诊断实践的第三步，指的是通过了解病人的生活习惯和以往病史，来判断病人的病情。于企业而言，“问诊”的基本途径就是了解组织划分后的三种存在形态，即利润型阿米巴、成本型阿米巴和费用型阿米巴，明确各个经营形态的性质和优缺点，然后以此为依据对各个经营单元进行优化，从而更好地发挥各个阿米巴组织的灵活性。

⊙ 利润型，增收益

“大医精诚”要求医者要有精湛的医术，只有做至精至微之事，才能被称为“大医”。而企业要想追求更高的利润，也要做至精至微之事，只有将利润型阿米巴单独划分出来作为利润中心，才能够使企业更好地适应市场经济环境的变化，提高企业的效益。

利润型阿米巴，是指对利润负责的经营单元，有独立的经营权和独立的收入，其经营者必须对营销运营的结果——盈或亏负责。利润型阿米巴的投入产出关系，如图 4–2 所示。

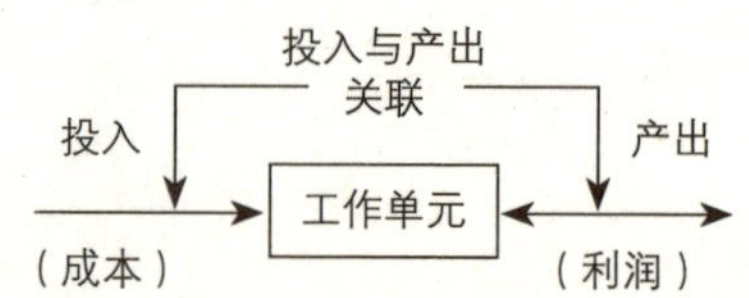

图 4–2　利润型阿米巴的投入产出关系

利润型阿米巴具有两个特点：一是独立性，利润型阿米巴是独立的经营个体，在产品售价、采购来源、人员管理及设备投资等方面，均享有高度的自主性；二是获利性，每一个利润中心都有一定的收入与支出，利润型阿米巴通过一张独立的损益表来计算其盈亏金额，并以此来评估经营绩效。

中医“望、闻、问、切”四诊法是由表及里逐步进行的；而在利润型阿米巴内部，目标利润的实现过程也是逐层推进的。在制定了利润目标后，经营者把目标传达给每个部门，每个部门再将具体目标传达给各个小阿米巴。这样一来，从经营者到每个阿米巴组织成员，都清晰地了解到了自己的目标是什么，从而更加积极努力地去完成既定目标利润，实现自己的价值。

利润型阿米巴能够让经营者和员工对目标利润有明确的了解，有利于提高管理者的决策质量和效率，有利于培养员工的工作热情，有利于提高员工的积极性和主动性，有利于企业战略目标的实现。

但在划分利润型阿米巴时，如果把控不好也可能会出现一些弊端。例如，多个利润中心容易加大总部管控难度，过于强调短期及局部利益会影响企业整体利益的实现。因此，在划分利润型阿米巴时要从整体把握，根据企业的经营状况和管理要求而定，尽可能地规避弊端。

在企业内部，有些部门可以划分为利润中心，也可以划分为成本中心，一个大的利润型阿米巴下面也可以划分出若干个成本中心或小的利润中心。因此，在对这些部门进行划分时要注意权衡利弊，“辨证施治”，使每个利润型阿米巴都能发挥出最大的效能，从而为企业创造出更大的利润。

⊙ 成本型，控投入

治愈一些疑难杂症，往往需要耗费大量的药材，但医者对于药材的使用也不是无节制的，任何一个传世良方对药量都有一个精准的把控。而企业在发展过程中，规模会越来越大，不可避免的是，成本也会成倍增加，如果不对成本加以控制，那么企业利润的实现将是空谈。

成本型阿米巴是对生产成本承担控制、考核责任的中心，是对生产成本费用进行归集、分配、控制的阿米巴组织，使生产成本具有可控性。这里的可控性是与具体的责任中心相联系的，而不是某一个成本项目所固有的性质。成本型阿米巴的投入产出关系，如图 4–3 所示。

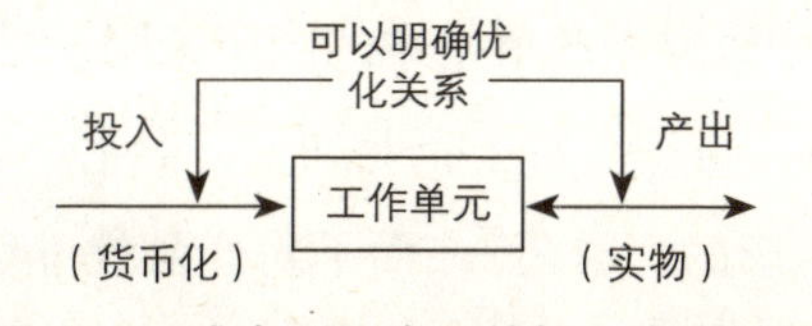

图 4–3　成本型阿米巴的投入产出关系

成本型阿米巴的范围很广泛，只要有成本费用发生的地方都可以建立成本型阿米巴组织，从而在企业中形成逐级控制、层层负责的成本中心体系。在阿米巴组织结构中，每个部门都与一个或几个成本中心相连接。

企业为了划分所属各生产部门成本计算和成本控制的职责范围，通常设立若干个成本型阿米巴。但是成本型阿米巴只控制生产成本，无控制销售收入的职责。

作为成本型阿米巴，其主要职责是协助利润型阿米巴进行相关的营销活动。比如说，成本型阿米巴可以协调其他阿米巴与客户之间的关系，协调其他阿米巴组织进行市场推广，帮助其他阿米巴组织分析和开发相应的客户。而利润型阿米巴则更多地考虑其利润的最大化。

成本型阿米巴有利于降低生产产品的成本，实现短期及局部的业绩改善。但是，在划分时如果把控不好，也容易导致重“节流”而轻“开源”，重“局部最优”而轻“整体最优”。因此，成本型阿米巴在运作时，需要以企业的整体利益为根本，将生产成本控制在一个合理的范围内。

疾病的治愈必然需要消耗一定的药材，但治病的关键在于药要“精”，要对症，而不是多；企业的生产也必然需要消耗一定的生产成本，但并不是投入越多越好，只有合理地控制生产成本，将钱用在刀刃上，才能实现“成本最小化、销售最大化”的目标。

⊙ 费用型，节预算

“君臣佐使”是中医遵循的最基本的配伍原则，君药起主要治疗作用，臣药用来协助君药发挥作用。对于企业来说，对生产成本负责的成本型阿米巴就是保证企业生产的“君药”，而不对产品成本负责的费用型阿米巴则是协助企业生产的“臣药”。但企业的“君药”和“臣药”只有在定量使用的情况下，才能发挥出最佳疗效，帮助企业生产。

费用型阿米巴是以控制经营费用为主的责任中心，主要对费用发生额负责，用货币量衡量投入或费用，但是阿米巴产出却不用货币量加以衡量。费用型阿米巴的投入产出关系，如图 4–4 所示。

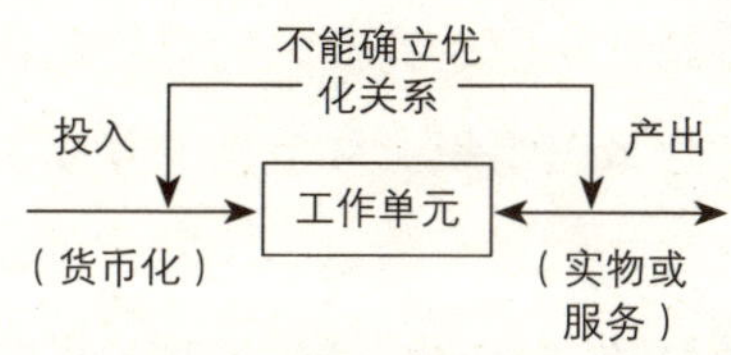

图 4-4　费用型阿米巴的投入产出关系

费用型阿米巴主要包括固定费用和管理费两方面。固定费用是那些有必要理由的正常支出，比如材料费、设备费、配件费等。管理费，是管理企业生产经营所发生的费用，如行政管理部门在经营管理中发生的公司经费。如果该费用中心的费用绝大部分是固定费用，那么它就是一个固定费用中心；如果绝大部分是管理费用，那么它就是管理费用中心。

企业在销售商品、提供劳务等日常活动中，会发生一些损益费用，而这些费用和生产出来的产品并没有直接的关联，因此更需要对这些费用额度进行控制。

“治未病”作为养生法则，意思是提前采取相应的措施，防止疾病的发生和发展。与之类似，对于经营费用的把控则可以通过预算来实现。将预算费用和考核结合起来，每个月对各个阿米巴组织、各个部门进行考评，将考评结果与工资和奖金挂钩，通过评价让阿米巴组织知道自己这个月所做的成绩，以此来正确评价各个阿米巴组织的业绩。

但是，预算制容易造成“突击消费”，也就是说，有些部门会在一段时间内，把预算的钱集中花出去，这样一来，费用使用的效果将难以评估。因此，在运作费用型阿米巴组织时，需要将各项费用的使用情况公开，对预算进行严格把控。只有清楚问题所在，规避弊端，才能更好地发挥“臣药”的辅助作用，从而裂变出更多有益于企业发展的费用型阿米巴。

费用型阿米巴将各种费用进行层层分解，让每一个阿米巴组织成员学会算账，树立了“成本”和“效益”意识，使企业资源在阿米巴组织各个部门之间的配置更加协调，从而达到资源的有效配置和利用。通过划分费用型阿米巴，使得各个阿米巴组织，从上至下养成了降低费用、控制能源消耗的行为习惯。

市场经济环境时刻在发生变化，阿米巴单元形态在进行划分与运作时，要以企业的整体利益为出发点，根据市场的需求来进行。企业必须时刻通过“问诊”，了解市场环境的变化，明确公司发展的战略目标，清楚各种经营形态的优缺点，不断地对阿米巴组织形态进行优化和调整，使自身的组织结构达到最佳状态，从而保证企业的长远发展。

切为巧，组织整合与创新

“切而知之谓之巧”，切诊作为中医诊断实践的第四步，是指通过用手触按病人身体来分析病情的一种诊法。切脉之道较为精深，只有医术精湛的医者才能根据病人脉搏跳动的规律，准确地分析出病情。而在企业诊断中，经营者只有深谙“切脉之术”，才能精准地分析出企业的发展状况和市场环境的变化，进而才能不断地对组织进行整合，保证各个阿米巴组织之间的协调和配合，提高组织的办事效率，增强企业的创新能力。

⊙ 并组织，达目的

开方下药，多是为了达到药到病除的效果。组织整合也是如此，对那些不盈利、效率低的组织不断地进行整合，是为了使新的阿米巴组织能够促进企业的发展。具体来说，组织整合的目的主要有三个。

一是降低经营成本。阿米巴组织划分并不是越细越好，对于一些不盈利又占用着一定经营资源和生产成本的组织，企业应该及时地进行整合，将其并入其他生命力较为旺盛的阿米巴组织中。通过整合，可以使组织结构更为精简，从而降低生产成本和运营成本，实现以最低的成本获取最大的效益这一目标。

二是提高工作效率。较高的工作效率是企业长远发展的保证。通过对阿米巴组织进行整合，可以将过于臃肿的组织精简化，避免人浮于事、浪费时间的现象，能够提高企业员工的工作效率，从而充分发挥新的阿米巴组织的战斗能力。

三是增强创新能力。在科技迅猛发展的今天，创新能力已经成为一个企业经济竞争的核心。如果一个企业没有创新能力，便无法在市场竞争中取得优势地位，也就无法实现长久的发展。通过组织整合，可以淘汰一些没有活力的组织，提高阿米巴组织的创新能力，从而为企业的发展提供源源不断的动力。

医者开的每一个处方都是为了帮助病人恢复健康；而组织整合则是为了提高企业组织的工作效率，增强企业的创新能力，从而实现企业的战略目标，促进企业的飞速发展。

⊙ 守原则，定方向

“君臣佐使”是中医遣药组方的原则，依此原则，可以保证医者所开处方的合理性和正确性；而企业在进行组织整合时，为了实现企业的战略目标，亦要遵循一定的原则。

首先，要符合企业发展战略的要求。企业之所以推行阿米巴经营模式，根本目的就是完成企业的经营目标，实现利润的最大化。因此，在对阿米巴组织进行整合时，要以实现企业的战略目标为根本原则。如果忽略了这一原则，没有以企业的整体利益为出发点，就会导致企业的经营管理变得混乱，长此以往，企业就会一步一步地走向衰败。

其次，要设置讲求实效的岗位。在进行组织整合时，必然要随之设置一些新的岗位。为了保证企业目标的实现，新设置的岗位必须讲求实效。经营者要坚持“因事设岗”，使企业的经营目标能够传达到每个岗位和部门。只有遵守这条原则，才能防止岗位形同虚设的现象发生，从而提高各个岗位的工作效率。

最后，要充分考虑到各阿米巴组织的责任、权力和利益。在进行组织整合时，要以能够清晰地界定每个阿米巴组织的权力和义务为原则，做到合理地分配收益。只有这样，才能确保阿米巴经营模式在企业中顺利推行。组织整合要求各职能部门之间必须职责清晰、权利明确，否则会严重影响组织的工作效率，阻碍企业经营目标的实现。

没有规矩，不成方圆。没有原则，工作与生活也将变成一团乱麻。坚守原则，能够保证医者正确地行医，能够保证一个人正确地做人、做事，也能够保证一个企业向着正确的方向发展。因此，组织整合时刻都要依照原理原则来进行。

⊙ 重过程，分阶段

当下市场经济环境变化剧烈，企业要想在新形势下抢占产品和利润的制高点，就必须灵活地调整自己的组织结构，尤其是要对盈利能力较差的阿米巴组织进行整合。但组织整合的过程并不是盲目的，而是如“望、闻、问、切”四诊法一样，是一个循序渐进的过程，也要分四个阶段来进行。

第一阶段是拟定目标阶段。明确的目标能够激励企业员工努力工作，做任何事情都要先制定一个切实可行的目标。在进行组织整合时也是一样，组织设计人员应该先制定出组织整合的具体目标，以便在进行整合时有所遵循。

第二阶段是规划阶段。组织整合不是轻而易举就能完成的，需要通过制定具体的组织规划来实现。在制定目标的基础上，还应该对整个整合过程做一个全面的规划，对企业现阶段的情况进行分析，找出组织存在的问题以及问题出现的原因，同时制定出切实可行的解决方案。

第三阶段是执行阶段。制定了规划，就要展开实施。这一阶段是具体实施、操作阶段，即将规划的内容落到实处。在执行的过程中，经营者和员工都要有严谨的态度，精益求精，不能敷衍了事，要争取将每个细节都尽可能地做到完美。只有这样，整合的新组织才能拥有顽强的生命力，不断地发挥其促进企业可持续发展的作用。

第四阶段是控制阶段。这一阶段是控制和矫正阶段。组织整合的执行过程中，会出现一些消极现象，比如很多部门之间存在冲突和不恰当的竞争，这时就需要对其进行有效的控制。只有将组织整合时出现的问题进行及时矫正，才能保证目标和规划的最终实现。

组织整合如中医选材用药一般，是一个精益求精的过程。想要将企业的经营做到极致，永葆企业创新活力，就需要依照组织整合的过程，循序渐进地精简组织结构。

另外，在进行组织整合时，除了要遵循一定的原则外，还要注意两个问题。一是相关消息要尽早公开。组织整合会对员工产生一定的影响，因此，制定的决策应该尽快宣布并执行，不要让焦虑和怀疑长时间分散员工的注意力，从而影响企业效益。二是要重视整合中的沟通。组织整合是一种企业内部的变革，必然会给员工带来一些不适应，所以经营者必须及时地与员工进行思想沟通，确保企业内部上下一心。

当患者的病情发生变化时，医者就需要及时地将药方进行调整。与之类似，任何一个阿米巴组织都不是一成不变的，一个大阿米巴组织可以划分出若干小阿米巴组织，很多小阿米巴组织也可以根据企业的需求整合为一个大阿米巴组织。当企业经营环境发生变化时，划分好的阿米巴组织需要通过自上而下或自下而上的整合，来提升各个阿米巴组织的创新能力，以保证企业的健康发展。

四诊法各有其作用，必须综合运用。管理者只有在“望、闻、问”的基础上进行“切诊”，才能够更加清晰全面地认识到组织整合过程中存在的问题，从而做出正确的判断，帮助企业组织达到最佳状态，促进企业战略目标的实现。

第五章
一套治法，得阿米巴经营效果

“治病必求于本”是中医治病的主要指导原则。正治与反治、治标与治本、治疗八法、调整阴阳、三因制宜……中医治法虽然形式多样、内容丰富，但都是治病求本的表现，都统一于“治病求本”这一治则之下。

在行医实践中，疾病的病理变化是极为复杂的，但其外在表现与其内在本质始终有着某种联系，医者只要谨守病机，灵活地运用治疗法则，即可根除顽疾，使人健康长寿。企业经营亦是如此，管理者在切准企业“病机”的基础上，灵活地选用治企方法，即可固本培元，助企业长久经营。本章将通过中医治法理论来阐述阿米巴经营之道，了解阿米巴经营效果。

多维经营，正治兼反治

正治和反治是医者行医所遵循的最基本的治疗原则。据《黄帝内经》记载，逆者为正治，从者为反治。从表象上看，正治与反治的确是两种相反的治法；而从病因上看，二者实则归一，都是治病求本的表现。当病情复杂、病势危重时，往往会出现假象，医者只有审慎病因、正反兼用，才能使疾病治愈。与之类似，管理者在经营企业时亦要透过现象抓住本质，正反兼施、多法并用、多维经营，如此才能使企业更好地适应复杂多变的市场环境。

⊙ 审慎病因，逆者正治

“以寒治热，以热治寒，逆其病者，谓之正治。”正治即逆其表象而治，是指采用与疾病性质相反的方法和药物从正面进行治疗的一种方法。在中医治疗法则中，正治是医者最常使用的一种常规治疗方法。于企业而言，“正治”之法则为制度建设。

在企业经营中，最常规的管理手段就是针对企业的“病证”，“审慎病因”，制定相应的管理制度和经营对策，以此来约束员工行为、指导企业经营，因而制度建设即为企业的“正治”之法。在阿米巴经营中，“正治”之法则主要体现在组织划分、分部门核算制度、会计原则三个方面。

阿米巴组织划分是阿米巴经营的关键，是企业引入新核算制度的基础。为了避免组织因结构和职能上的重复而导致的机构臃肿、人浮于事的现象，阿米巴经营倡导精简组织结构。通过将多余的公共部门集中设置，并列归入一个综合管理部，有效避免了由于人员繁多、部门虚设等造成的资源浪费，保证了研发、生产、销售等基本职能部门的运营。

另外，组织划分完成后并不是一成不变的。正如医者会根据病情的变化及时调整药方，阿米巴的管理者也往往会根据市场行情、竞争对手、技术动向的变化，将组织调整到适应市场的最佳状态。面对复杂多变的市场环境，管理者必须能够迅即做出应对，及时、灵活地调整组织结构，不仅要对组织进行细分，还要根据市场变化将分得过细的组织进行整合，以使每个经营单元都能更好地发挥其职能。

核算制度是实现企业经营目标的保障。针对企业内部做笼统账的核算乱象，阿米巴经营倡导企业实行分部门核算制度，制定单位时间核算表。通过“精打细算”，各个部门就能够及时准确地掌握各自的收支情况，管理者就能够做出更加准确的经营决策，企业就能够更快地实现“销售最大化，经费最小化”的经营目标。

分部门核算制度彻底唤醒了工作一线的力量。单位时间核算制度使每一位员工都意识到了时间的重要性，大家都开始努力提高自己的工作效率。这样一来，不仅能够提高本部门的利润，还使整个公司的效益得到了大幅度提升，强化了企业的市场竞争力。在这个飞速发展的时代，效率无疑是现代企业在市场竞争中取胜的关键。

遵循会计七原则是财务部门正确核算的前提。在阿米巴经营中，准确掌握各阿米巴的销售、生产、经费、时间等实绩状况对于企业经营来说是至关重要的。因此，企业必须制定相关的原则，以便财务部门能够迅速、准确地核算出各个事项的费用。为此，稻盛和夫制定了会计七原则，即现金本位原则、一一对应原则、筋肉坚实原则、完美主义原则、双重确认原则、提高核算效益原则、透明经营原则。在会计七原则的指导下，财务部门的核算变得更加精确，经营者的决策也变得更加准确。

在行医实践中，正治的使用范围较广。对于一般症状，医者仅仅使用正治法即可将病人治愈。在企业经营中，对于一些常规问题，管理者也常常以制度进行约束即可将其解决。但病情是不断变化的，企业在发展中也会不断出现新的问题。对于重疾，医者若被假象迷惑，仅仅以正治法医之，并不能治愈疾病。医者必须能够透过现象抓住本质，施以反治之法，多法并用，全面医治。

⊙ 谨守病机，从者反治

“以寒治寒，以热治热，从其病者，谓之反治。”反治是指当疾病出现假象时顺其表象而治的一种治法，这是一种非常规的治疗方法，往往在病情危重时使用。而在企业经营中，哲学教育即为企业的“反治”之法。

当企业内部问题丛生时，仅仅依靠“正治”，即制度建设，并不能使“患病”的企业“痊愈”。人心为企业经营之根本，管理者必须透过现象抓住本质，“谨守病机”，求其本而治之。在阿米巴经营中，“哲学教育”即为“反治”之法。以日航为例，稻盛和夫在重建日航时，通过哲学教育彻底改变了员工的心态，从根本上转变了员工的意识，因而使处于生命边缘的日航得以重生。

阿米巴经营的“反治”法，具体包括人生哲学和经营哲学两部分。人生哲学是稻盛哲学的起点和根本；经营哲学则是阿米巴经营的基础和法则。

稻盛和夫对员工的哲学教育始终都是从这两个方面进行的。

作为人，何谓正确？这是稻盛和夫人生哲学的核心问题。稻盛和夫认为人必须具备正确的判断基准，做正确的事情。“诚实”“守信”“正直”“爱人”……正是因为时刻都遵循着这些最为简朴的判断基准，京瓷才没有使经营之舵偏离方向，因而才能取得巨大的成功。

要想让员工做正确的事，必须要先正其心，因而人生哲学教育贯穿于稻盛经营的始终。稻盛和夫也常常以身践行，以“利他之心”做人、做事。通过人生哲学教育，阿米巴的管理者开始重视人的作用，并将“追求全体员工的幸福”放在企业理念的第一位，真正做到了以人为本；员工开始贯彻顾客至上主义，尽心尽力地为顾客提供最好的服务、生产最好的产品。在人生哲学教育的熏陶下，每个人都开始心怀美好，都开始以“利他”作为判断基准，善良做人、正直做事。

“利他”是稻盛人生哲学的核心内容；“六项精进”和“经营十二条”则是稻盛经营哲学的精髓。在许多企业中，管理者会认为经营战略和经营战术是最重要的。但稻盛和夫却认为：“除了拼命工作之外，世界上不存在更高明的经营诀窍。”因此，稻盛和夫提出了“六项精进”和“经营十二条”的经营原则。

“六项精进”即付出不亚于任何人的努力、必须经常保持谦虚的姿态、拥有纯朴的心性、深怀感谢之心、以利他之心为判断基准、始终保持明朗之心。在稻盛和夫看来，“六项精进”原则不仅是一个人度过美好人生所必须遵循的基本条件，同样也是企业实现长久经营的基础和关键。如果企业的管理者和员工都能够时刻践行“六项精进”原则，大家就能获得幸福的人生，企业就能够获得更多的效益。

“经营十二条”浓缩了“敬天爱人”的思想精髓，对企业经营亦有着深远的影响。稻盛和夫坚信，以乐观的心态面对困难和逆境，乃是人生成功的铁则，是经营者的生存智慧。为了实现企业的长久经营，稻盛和夫制定了“经营十二条”，要求管理者必须明确事业的目的和意义、设立与员工共有的目标、不断从事创造性的工作、以利他之心做生意等。“经营十二条”不仅可以正人心，更是指导企业经营的一把“利剑”，是企业长盛不衰的“灵丹妙药”。

稻盛和夫所创立的阿米巴经营模式是一种多维化的立体经营模式，不仅重视制度建设，同时还将人生哲学与经营哲学融入经营管理中。这种经营模式使全体员工都变被动为主动积极地参与到企业经营中来，为企业的发展注入了生机与活力。

中医上讲“治病必求于本”，正治和反治虽然在战术上有所不同，但都是治病求本的表现。医者在治病时皆善于抓住疾病的本质，从根本上进行治疗。企业经营亦是如此，管理者在治企时也要注意避免被假象所迷惑，要能够透过现象看本质，多法并施、多措并举，从根本上治愈企业的“顽疾”。

直击要害：治标更治本

就中医治病而言，症状是标，病机是本；于企业经营来说，制度是标，人心为本。

中医标本兼治的治疗法则，强调医者在治病时要辨明疾病的标与本，分清主与次。其目的在于找出发病的根本原因，进而从根本上治愈疾病。治理企业也是同样之理，经营者只有做到“标本兼治”，透过现象抓住问题的本质，才能让“患病”的企业“痊愈”。

⊙ 治理企业，制度是标

病人治病时，医生会根据病人的病症适量用药；而企业也要知道自身的“病症”，从而进行“诊治”。经营者在治企时，不能只解决本质问题而忽略表面上存在的一些问题，企业制度中存在的不合理之处其实就是病人身上的病症，要想让企业长青，经营者必然要从制度上找方法。相较其他经营模式，阿米巴经营在制度上有着独特的优势，即分部门核算制度。

分部门核算制度，可以及时向企业传递市场动向。市场时刻都在发生着变化，不能及时地掌握市场价格的变化，企业就难以实现利润目标。将企业分成一个个独立的阿米巴进行核算，市场变化会直接反映在各个阿米巴上，使员工对自己的工作内容有清楚地认识。这样一来，市场的变动不仅能够及时地传递到公司高层，一线的员工也可以及时得知价格的起伏与市场的动向，以对工作有着清晰的认知。

分部门核算制度，使企业经营达到销售额最大化、费用最小化。一般来说，如果销售额增加的话，经费自然也会随之增加。阿米巴经营中各部门独立核算，把企业分成一个个小集体，经营者能够正确地把握公司运营的实际情况，每个阿米巴明确每一笔费用的支出与收入，从而引起每一位员工对阿米巴收入的重视。打破经费与销售额成正比的固有思维，最大限度缩减经费，实现销售额最大化、费用最小化。

分部门核算制度，进行成本即时管理，即根据市场变化及时对成本进行管理。传统制造企业采用的一般为事后统计经营数字，用前几个月的成本数字去经营企业，落后于市场的数字，只会得到让人失望的经营效果。而分部门核算制度可以让经营者及时得到“现在的数字”，并以此判断企业的经营状态，寻求应对市场变化的方法，从而实现成本即时管理。

分部门核算制度，凝聚所有员工的力量。在阿米巴经营中，经营者能够准确及时地掌握各个阿米巴的经营状态，把企业的经营状况向员工公开，激发员工的工作积极性，员工由“要我干”转变为“我要干”，由消极状态转变为积极状态，由被动工作转变为主动经营，提升了员工经营参与感，从而将员工的力量凝聚起来。

中医治病会针对病人的症状进行治疗，企业同样也会“生病”，也需对其“病症”进行“诊治”。企业通过分部门单独核算制度，增强员工的经营意识并提高其工作积极性，使企业焕发出新的生机。对企业来说，制度是经营之标，是企业经营的前提和基础，企业决不能只求从根本上解决本质问题而忽视制度上的表层问题。

⊙ 直击要害，人心为本

中医治疗疾病总的原则是“治病必求于本”，病机是疾病产生的根本，只有抓住病机进行诊治，才能让病得以痊愈。在“治疗”企业中“本”就是人心，只有抓住了经营中问题的本质，企业才能更好地运行；只有把握住了问题的重点，才能对企业“对症下药”，从而实现企业长久的经营与发展。

医者在给病人治病时先是辨明发病的症状，再由表及里地找到病机进行治疗。而公司经营的“病机”在于员工意识的转变上。在阿米巴经营下，员工变得有意识地参与企业经营，像企业经营者一样思考并参与到公司经营中，充分发挥自身在企业中的作用，使企业实现更好、更快的发展。阿米巴经营哲学也倡导经营企业就是经营人心，公司内部只有上下一心，成为一个有机的整体，企业才能经久不衰。如何才能让企业做到以人为本呢？

首先，企业要制定共有的价值观念。当员工的价值观与企业价值观不一致时，员工就会消极怠慢地去工作。反之，员工与企业有了共有价值观，就会激励着员工认真努力地工作。只有在共有的价值观指导下，企业的领导者和员工才能做到“心往一处想，劲向一处使”。阿米巴经营重视员工的想法，其价值观与员工的价值观相一致，时刻将人放在第一位。员工在企业中能够感受到幸福感与归属感。经营者牢牢抓住员工的心，既使员工积极地工作，又使企业得以发展。

其次，经营者要打破固有观念，对员工“放权”。在传统企业中，员工与老板是上下级的关系，老板让员工做什么员工就做什么，员工心中有自己的想法也不能告诉老板，所有决定老板一人说了算。而在阿米巴经营中，经营者重视员工内心的想法，有想法可以随时表达，员工不是下属而同样是公司的经营者，其话语同样有重量。正因如此，每个员工都成了企业的主人，他们在企业找到了归属感，自然会为企业的可持续发展而贡献自己的智慧与力量。

最后，企业要把员工放在首位，做到以人为本。企业中员工是一切生产活动的出发点和落脚点，企业的发展是员工不断努力工作而实现的。员工创造性的生产活动必然会是企业发展的“强化剂”，会为企业发展注入活力。阿米巴经营强调把员工幸福放在首位，经营者不再远离员工的工作，时时刻刻关心着员工，从而发挥出员工的最大价值。

中医治病中病机是根本，而阿米巴经营中人心是根本。一个企业只有抓住人心这一根本，这个企业才会具有凝聚力，一个企业只有为员工着想，考虑员工的利益，员工才能够源源不断地为企业创造价值。如果员工人心涣散，工作没有积极性，生产效率低下，那么这个企业不会基业长青。

阿米巴经营重视员工的力量，强调经营人心以实现发展。员工是企业发展的中坚力量，一个企业中，如果员工不能及时与经营者进行沟通，必然会影响企业的发展。一个不重经营人心的企业，将难以实现自身的发展。而阿米巴经营理念就是要求企业要重视人心。

中医上讲究“标本兼治”，注重透过病症表象探寻疾病发生的根本原因，进而从根本上治愈疾病。而阿米巴经营则着眼于转变员工的意识，突出员工的价值，从根本上使“患病”的企业得以“痊愈”。其理念使员工由被动地工作变为主动创造性地经营，从而实现全员参与经营的目的，同时做到了以人为本。

多多益善：治疗有八法

中医治病，共有八种治疗方法，即汗、吐、下、和、温、清、消、补。医者会根据不同的病因来确定不同的治疗方法，而对于一些重大疾病，医者还会多法并用，且每种治法都是相互关联的。只有掌握了这种联系并灵活运用，才能使病人得以痊愈。于企业而言，由于内部部门较多，差异较大，同样需要经营者制定多种治企方法，并把握其内在联系，灵活使用。

⊙ 九步骤，确落地

疾病产生的因素有很多，医者只有掌握多种治疗方法，并且找到每一种治法的内在联系，根据病人病情的变化灵活运用，才会使病人痊愈。同样，企业经营者只有从企业的实际经营状况出发，制定一套适合企业发展的经营模式，才能使企业更好地运营与发展。

具体来说，阿米巴经营模式落地与实践可分为九个步骤，如图 5-1 所示。

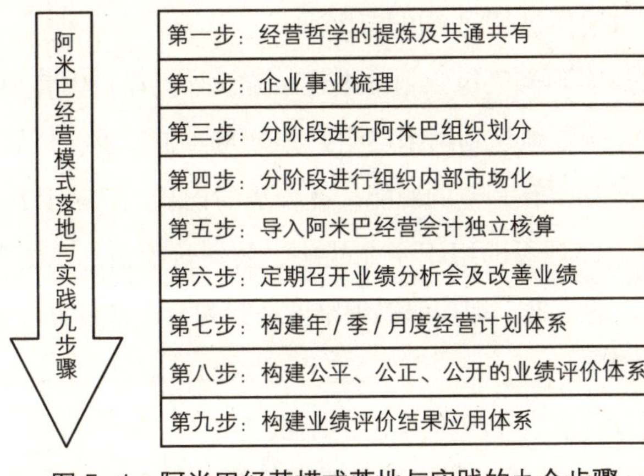

图 5-1　阿米巴经营模式落地与实践的九个步骤

第一步：经营哲学的提炼及共通共有。

经营哲学的提炼主要有两种方法：一方面是通过召开经营哲学现状调研诊断汇报会，用一系列科学的、全面的、详尽的定性分析和定量数据，对企业经营哲学深入分析，提出系统的经营哲学体系建设策略、方案；另一方面是在一致认同经营哲学核心理念的前提下，各级员工就经营哲学核心理念的内涵和文字表达等问题，进行深入的研讨，并形成定论。

此外，经营者要联系自身实际，不断总结而后形成自己的哲学思想，贯彻到企业经营的实践中，形成自己的经营管理体系。同时，要让员工发自内心地接受并认同经营哲学去实践，发自内心愿意改变，并努力成为一个“经营者”。经营者与员工齐心协力，构建适合企业自身的经营哲学，进而形成“哲学共有”。

第二步：企业事业梳理。

阿米巴经营通过科学的管理体系，细分组织单元、建立经营会计，实现企业利润最大化；阿米巴经营通过导入经营哲学体系，使员工确立与经营者共有的价值观，时刻把员工放在首位，重视经营人心，从而实现企业的发展。

第三步：分阶段进行阿米巴组织划分。

经营者要先对阿米巴组织划分进行系统设计，以指引各项具体工作的开展。首先，分阶段地规划阿米巴组织划分与实施步骤，使划分后的阿米巴组织能独立核算，有完整的职能，有合适的巴长人选；其次，确定阿米巴划分的依据，即现行的组织企业战略、公司价值链、人力资源状况等；最后，明确划分的维度，即按照哪种维度进行划分，如产品、客户、区域、品牌、行政职能等。

第四步：分阶段进行组织内部市场化。

首先通过内部交易，使组织内部上下道工序之间以价格为纽带，以服务和资源为商品，进行等价交换；其次根据成本最小和利润最大的原则进行劳动组织优化，将组织内部资源合理进行流动管理；最后划分经营单元，使每个经营单元进行收支独立核算，并通过内部交易实现组织内部市场化。

第五步：导入阿米巴经营会计独立核算。

导入单位时间附加值核算制度，各阿米巴可实现独立核算。具体来说，单位时间附加值核算采用现金收付制，用总收入扣除所有开销便知利润为多少；由于相同利润所花费的劳动时间不同，为了做到公平、公正，用所得到的利润除以总的劳动时间，便可得到单位时间的“附加值”。

第六步：定期召开业绩分析会及改善业绩。

定期召开业绩分析会有利于调动员工的工作热情，促进企业健康发展。一般来说，阿米巴经营体系的持续改善有三种：第一种是现场作业员工根据阿米巴经营报表自行改善；第二种是定期召开业绩分析会，经营管理部运用阿米巴管理会计进行现场指导并改善；第三种是专业咨询师根据阿米巴会计系统的真实数据来指导现场员工进行工作改善与提高。

第七步：构建年 / 季 / 月度经营计划体系。

首先要制定年度经营计划，选择、改变或调整企业的经营服务领域和业务单位，确定企业的发展方向和目标。其次再制定季度计划，为实现长远经营计划所确定的战略目标设计合理的设备、人员、资金等的结构，以形成企业的经营能力和综合素质。最后制定月度经营计划，以适应企业内外的实际情况，组织和安排好企业的经营活动，以分月度逐步实现企业的经营目标。

第八步：构建公平、公正、公开的业绩评价体系。

中医要制定合理的疗法对病人进行诊治，而经营者治企则要导入完善的业绩评价体系以促进企业发展。首先，构建科学的组织业绩评价体系，制定出完整的绩效考核表和年度、月度经营计划，明确组织的经营目标。其次，构建基于组织的员工个人业绩评价体系，帮助员工找到工作中的不足，以改进工作。最后，考评结束后公布各阿米巴组织的平均绩效，鞭策并激励那些落后的阿米巴组织，进而提高阿米巴的竞争力。

第九步：构建业绩评价结果应用体系。

阿米巴经营中的业绩评价可分为两种：一种是组织业绩评价，各个经营单元每个月业绩完成后，完成的好与坏，通过评价和排名衡量出哪个经营单元的贡献最大；另一种是个人业绩评价，个人的业绩完成情况分为优、良、中、可、差，由此可判断出个人对经营单元的贡献有多大。

中医八法各自有其独特的作用，但都不是孤立存在的，而是相互关联的，医者只有懂得法与法之间的联系，才能够灵活运用，发挥其疗效。而对阿米巴经营者来说，只有更好地让以上九步骤落地，并在实践中把握其联系，充分发挥其作用，才能使企业更好地发展。

⊙ 五手段，得落地

中医八法是根据三因、四诊、八纲订出的，八法中的汗、吐、下只指出发病部位没有说明原因，温、清、消、补只说明原因而没有说明部位。因此，医者运用八法时还要懂得结合其他的方法对病人进行治疗。而企业中，要想让阿米巴经营落地与实践，除了上述的九个步骤需要掌握外，还有五大经营手段可参考，将两者相结合，可以使阿米巴经营真正落地。阿米巴经营落地的五大手段，具体如下：

一是划分责/权清晰的经营组织。

阿米巴经营单元是根据职能需要将一个完整的大企业划分成许多小的经营体。这种企业经营组织，每个阿米巴都是一个经营体，都是一个独立的利润中心。每一个经营单元都有独立的核算系统，经营单元要“独立运营，自负盈亏”。经营单元的划分使责权清晰，激发阿米巴的自主性，从而促进企业的发展。

二是确立以人为本的经营哲学、理念。

中医治病，病机为本。而阿米巴经营强调把员工的幸福放在第一位，重视人的作用，以人心为本。阿米巴的经营理念是“追求全体员工物质与精神两方面幸福的同时，为人类和社会的进步与发展做出贡献”。企业员工的行为可以反映出一个企业所信奉的哲学思想。阿米巴经营哲学从员工的思想观念出发，使员工养成良好的行为规范，确立正确的价值理念，从而促进企业的健康发展。

三是用独立核算与内部交易来培养经营人才。

阿米巴经营中，每一个阿米巴都是一个经营体，都是一个独立的核算单位。每一个阿米巴都清晰地掌握自己阿米巴的核算状况。通过确立与市场直接挂钩的部门核算制度，使每个阿米巴组织都能够独立核算。通过划分各阿米巴，让其独立核算，提高了员工的经营意识，培养了经营人才。

而内部交易则使企业上下道工序之间以价格为纽带，以服务和资源为商品，进行等价交换，统一结算交易。企业的内部交易可以观察各经营单元的盈亏状态，传递市场动态，从而使经营单元即刻做出反应。通过内部交易，企业培养了员工的经营意识，实现了经营人才储备的战略目标。

四是制作经营会计，让员工独立核算。

阿米巴经营会计，有效地反映出每位员工的工作业绩与企业的经营状况，明确每一笔费用的支出与每一笔盈利的进账，消除浪费，削减支出，从而做到“销售额最大化、经费最小化”。单位时间附加值核算实现了企业各部门各自进行利润管理，即独立核算，从而最大限度地提高了资源利用率，激发了员工的工作热情。

五是建立公平的激励机制。

医者看病，应平等地对待每一位病人，在判断出病因后，有针对性地选取药材，为病人开出价格合理的药方，让病人在经济上可以承受的情况下进行治疗。而阿米巴经营则设计了个人激励系统，把员工的利益与发展放在第一位。根据员工自身贡献的大小，设计出短期、中期、长期三种不同的工资绩效体系、晋升体系，解决“不患寡而患不均”的分配机制，从而公平公正地分配奖金。那么，具体如何进行阿米巴个人激励系统设计？如表 5-1 所示。

表 5-1　阿米巴个人激励系统设计

<table>
<tr><th>项目</th><th>长期</th><th>中期</th><th>短期</th></tr>
<tr><td>高层</td><td rowspan="3">利益：
股权、期权、分红
福利：
车、房、孩子教育、医疗、基金、教育培训</td><td rowspan="2">分红、绩效、晋升、奖励、奖励福利、培训、自有福利</td><td></td></tr>
<tr><td>中层</td><td rowspan="2">绩效、晋升、提成、奖励、日常福利、培训、公共福利、自有福利、PK 即时奖励</td></tr>
<tr><td>基层</td><td>奖金池</td></tr>
</table>

疾病在发展过程中，往往会出现各种复杂的情况。因此，医者应把握住八法之间的内在联系，灵活运用，辨证施治，以治愈疾病。同样，企业在经营中也会出现各种各样的运营状况，阿米巴经营模式落地的九大步骤与五大手段，可以使企业灵活地应对内部出现的各种问题，从而实现更好的发展。

第六章
新方八阵，一方一阵论会计

明代医学家张景岳善兵法，其借用药如用兵之义，以方药列八阵为补、和、攻、散、寒、热、固、因八类，并于晚年集自己的学术思想，临床各科和方药针灸之大成，辑成《景岳全书》64卷。《全书·新方八阵》为《景岳全书》中的一章，“新方八阵”由此而来。

中医药理与军事兵法可融会贯通，亦可同企业经营管理通今博古。本章将阿米巴经营会计的相关专业知识归为“新方八阵”，通过传统中医理论来解读阿米巴经营会计。

新方一：知经营，细管理

中医要通过望、闻、问、切等方法来透彻了解病情以作诊断，而后开出治疗的药方，并确定用药剂量，以有疗效。与之类似，阿米巴经营也是先让企业经营者充分了解经营状况，然后细化管理工作，故此为阿米巴经营会计的“新方一”。

⊙ 知经营，助力经营者

很多初学医者面对浩瀚的中医知识备感艰难，尤其是药方之多、药材之广、剂量之细微差别让其不知所措，是学习医理知识的极大障碍。而在初创企业中，企业经营者也常常会遇到类似问题。面对那些反映经营状况的众多表格，经营者只觉数字犹如不知何意的天书，阻碍着其正确地经营企业。

刚刚创办京瓷的稻盛和夫也不例外，作为一个技术出身的经营者，稻盛和夫对会计知识所知甚少，幸运的是，他为自己找到了“灵丹妙药”——阿米巴经营会计。他曾说：“无论是在公司还是出差，我都第一时间看每个部门的《经营会计报表》。透过销售额和费用的内容，就可以像看故事一样明白那个部门的实际经营状态，经营上的问题也自然而然地浮现出来。”

所谓阿米巴经营会计，是指企业根据真实经营状况，运用会计的手法，通过数据进行核算，对各个阿米巴实施经营管理，旨在提升企业经营能力、经营收益与企业安定性的会计核算方法。阿米巴经营会计就像用途广泛的草药一般，可以使用到绝大多数药方之中。广泛的适用性使得阿米巴经营会计可以成功导入企业之中，助力经营者更好地掌握企业的实际经营状态，从而进行有效管理，为企业创造高利润。

阿米巴经营会计这味药有着巨大的“神通”，与普通的财务会计相比，它具有得天独厚的优势，具体如下：

首先，阿米巴经营会计化繁为简。

很多企业家有一种感觉，财务部门提供的数据太多了，各类数据纷繁复杂，而且多数是经营者根本无须关注的。决策者不是专业财务人员，很难梳理出各数据之间的逻辑关系，而普通的财务报表又不是从经营者的角度设计的，这给经营企业带来了很大困难。而阿米巴经营会计化繁为简，其报表是从经营者角度设计的，经营者可以轻松地理解并使用。

其次，阿米巴经营会计报表数据真实可靠。

阿米巴经营会计是一门逻辑思维清晰的内部报告会计，通俗易懂、一目了然地呈现出了数据链与数据板块。它的数据源全部采集于经过财务部门审核确认的资料，使用的经营数据绝对真实可靠。经营管理部将这些数据进行“二次加工”梳理，形成阿米巴经营会计报表，并在第二天早上把前一天的分析结果发放给各个相关的阿米巴。

最后，阿米巴经营会计报表是经营者的决策助手。

阿米巴经营会计报表可以从整体到局部的各个维度对企业数据进行梳理，生成整个公司、各个事业部和非营利阿米巴的会计报表，经营者可以通过这些报表对企业的经营状况进行全面了解，并为其作出科学决策提供依据。

阿米巴经营会计不要求应用者具有专业的会计基础知识，即使是初次接触会计的人也能够很快地掌握并活学活用阿米巴经营会计。通过阿米巴经营会计，企业经营者可以像两三眼便看穿病人病因、病机的名医般迅速地了解到企业哪里盈利、哪里亏损，对企业经营状况有准确的把握，从而为精细化管理提供有效的数据支持。

⊙ 细管理，单位时间核算表

好的药方乍一眼看起来往往没有什么独特之处，真正精通医理的人才能看出好的方子起明显疗效的是药引，这是关键。同样，阿米巴经营会计之所以能够让每一个经营者都看懂，也是基于一条重要的原理原则，即“把销售最大化、费用最小化，作为两者之差的结果就是利润的最大化”。这一原理原则就是一味药引，它让阿米巴经营会计成功地导入各个企业，并发挥出最大功效。

为了做到销售最大、费用最小，企业经营者必须在平时就对现场的情况了然于心，为此稻盛和夫制定出了阿米巴单位时间核算表，以通过核算表来对各部门的经营状况做出客观分析与精细化管理。因此，阿米巴经营会计药引所使用的具体草药正是阿米巴单位时间核算表。

单位时间核算表就像镜子一样准确地反映了现场的情况，是现场员工们汗水和努力的结晶。关于阿米巴单位时间核算表的制作，主要有如下两点：

一是由经营管理部掌控，巴长召集，全员参与。制作阿米巴单位时间核算表是为了更有效地反映每个阿米巴的经营状况。管理者能直观地在阿米巴单位时间核算表中查看每个巴员的工作完成状况、阿米巴单元的盈利状态，从而为下阶段做决策时提供依据。另外，阿米巴单位时间核算表的制作并非只是由巴长个人来承担，巴长需要让巴员参与进来，让每个巴员都清楚自己所负责的工作，不断改善工作，为企业带来更多的效益。

二是按照会计原则准确制作。各阿米巴月初规划目标业绩，月末计算出所发生的实际业绩，最终计算出本月收益、成本、边界利润、劳务费用、经营纯利润、投入人员、总时间、单位人均产值、单位时间价值等数值。

为帮助企业准确理解并运用阿米巴单位时间核算表，特绘制空表以供参考，如表 6–1 所示。

表 6–1 阿米巴单位时间核算表（空表）

项目		单位：万元
销售额	对公司外	
	对公司内	
	总额	
内部采购		
销售净额		
费用	原材料	
	配件	
	电费	
	部门内分摊	
	SBU 间分摊	
	合计	
（附加值）利润		
工时 / 小时	正常	
	加班	
	部门内分摊	
	SBU 间分摊	
	合计	
部门内月均总人数		
月单位时间核算		

从表 6–1 中可以看出，单位时间核算表严格遵循中医以人为核心的理念，将员工视为企业的主人。例如，与西医不同，中医在整个治疗中以人为根本，没有因“病”而忽视人的感受；同样，与财务会计不同，阿米巴经营会计强调人的作用，人工费没有记在费用项之中，企业利润是由企业员工共同完成的。

中医医人，而非医病。这一理念在企业经营中则是人的潜力具有无限性，人的价值不能拿来和机器作比较，不能用金钱来衡量。因此，要把每个人都当作人才来培养，不仅培养其职业素养，更要注重培养其人格，把企业作为员工展现才华、施展抱负的平台。这也就是为何在阿米巴经营会计的单位时间核算表中，并没有人工费这一科目的原因。以这种方式经营企业，员工会有强烈的归属感，并自发地提升自己，不断挖掘自己的潜力，发自内心地愿意与企业长期共同成长，荣辱共担。

需要注意的是，经营者不能只在月末时才查看单位时间核算表，而应让相关部门每天都进行统计，时刻关注每天的经营状况，如此才能及时进行调整以达到精细化管理。正如中医十分重视复诊，可以有针对性地进行精细化治疗。医生总是会向病人强调复诊，以调整方剂及用量。这是因为病情总是动态变化的，或好或坏，如若好转明显但仍用大剂量，这方剂可能会损害病人的身体；如果病情恶化，不管是方剂本身问题还是病人问题，都需要重新调整方剂，以归“正途”。

用药如兵，新方八阵；会计如药，亦有八方。“知经营，细管理”，这便是阿米巴经营会计的“新方一”，剩余的七个新方本章将逐一讲述。

新方二：集数据，深分析

企业经营的数据犹如病人身上所表现出的种种特征，只有搜集充足的病征，经过深思熟虑，中医才能开出合理的药方；同样，只有搜集充分的数据并进行深入分析，企业才能制定出合理的目标与经营计划。因此，搜集并深入分析数据正是阿米巴经营会计的“新方二”。

⊙ 集数据，掌握各方讯息

数据就是一种信号，中医从信号中去判断病人在过去发生了什么、哪里出了问题，并推断病人未来的身体状况；同理，经营者则可以根据数据清楚地看到企业过去的经营状况，并预测企业未来的发展趋势。可以说，中医是根据“信号”给病人开出药方的，而经营者则是根据数据来管理企业的，忽视信号就难以做出正确的诊断，忽视数据就没有科学的管理。

阿米巴经营会计重视数据，而在会计中，数据的具体表现形式为会计科目，阿米巴经营会计常用的会计科目及其计算公式，如表 6–2 所示。

表6-2 阿米巴经营会计常用的会计科目汇总表

会计科目	计算公式
边界利润	边界利润=销售额－变动费=销售额 × 边界利润率
边界利润率	边界利润率=边界利润/销售额
变动费率	变动费率=变动费/销售额
经营利润	经营利润=边界利润－固定费
固定费生产力	固定费生产性=边界利润/固定费
人工费劳动生产率	人工费劳动生产率=边界利润/人工费 ×100%
设备费生产力	设备费生产性=边界利润/设备费
面积生产力	面积生产力=边界利润/面积
人·月劳动生产力	人·月劳动生产力=月边界利润/人数
单位时间劳动生产力	单位时间劳动生产力=边界利润/总工时
盈亏平衡点销售额	盈亏平衡点销售额=固定费/边界利润率
平衡点安全度	平衡点安全度=计划或实际销售额/平衡点销售额
经营利润率	经营利润率=经营利润/销售额

中医以信号做诊断，之后又会出现新的信号，而这个信号则体现着中医的治理理念。同理，经营中每一个数据的背后是相应的管理动作。例如，在报表中增加利息项，就会促使相关阿米巴时刻紧盯该数据，而扣除应收账款利息，就会促使销售部门尽力减少应收账款；收取库存利息，就等于明确去库存责任，相关部门就会为去库存而时刻紧盯库存；收取固定资产利息，企业就会慎重投资固定资产，减少不良资产和闲置资产。

在阿米巴经营会计中，数据的背后是管理动作，而管理动作体现的则是企业的经营理念。

首先，固定费用高了，风险就会增加，但固定费用也绝非是越低越好，所以稻盛和夫说："经营是以固定费为基础，活用变动费，以获得超过固定费的边界利润为目的活动。”固定费不只是费用，是生产力，也是体制力；变动费是手段力，体制力好的前提下，手段越高越好。

其次，只要边界利润大于零，就会覆盖部分固定投入，这样的项目是可以做的，若能全部覆盖固定成本，就有了纯利润。如果边界利润小于零，此类产品可以归为淘汰产品。

最后，人·月劳动生产力的分子是边界利润，不是营业利润，这体现稻盛和夫管理经营的定义，即企业的经营利润是企业和员工共同创造的，纯利润的责任不能让员工单独承担。

中医上的判断都是有依据的，而在企业中这个判断依据就是数据，就是阿米巴经营会计中的会计科目。有了大量的数据，企业才能更清楚经营中的下一步应该是什么。

⊙ 深分析，采取科学行动

经过望、闻、问、切后，中医往往掌握了病人大量的信息，接下来关键的便是分析病情，开出对应的药方。企业亦同，充分掌握了企业的经营数据后，下一步的关键便是深入分析数据，采取科学行动，因此阿米巴经营业绩分析会必不可少。

阿米巴经营业绩分析会的目的就是总结、改善和制定下一阶段的工作计划。相同级别的阿米巴参加业绩分析会，一定要提前做好充分的准备，如此才能顺利做好业绩分析评价工作。具体来说，阿米巴经营业绩分析会的内容如下：

第一，管理所有下属阿米巴的大巴长要针对整体业绩作综合陈述和分析，对下属各个阿米巴进行整体评价，并指出下一阶段的工作方向。

第二，各个阿米巴对本部门上阶段实际业绩与计划业绩的差异进行对比分析，要严格遵循以终为始的原则，从利润增减的金额和比率等多方面进行分析和解读，根据利润与销售收入的关系、利润与变动费用的关系、利润与固定费用的关系等，找到问题的真正原因并提出解决方案。

第三，结合各阿米巴本阶段业绩分析总结报告，大巴长与下属各巴长共同制订下一阶段的工作计划。

第四，大巴长做会议最终总结，评价各巴长工作成果，并确定阿米巴组织的整体工作计划。

阿米巴经营业绩分析会如同中医中的会诊，多位中医专家就病情展开讨论，以确定最终药方，在企业经营中，分析问题是其做出科学行动前的必要工作。因此，所有导入阿米巴经营体系的企业都要给予阿米巴经营业绩分析会足够的重视。为便于理解，现以 ×× 公司为例，对阿米巴经营业绩分析会议程进行示例。

×× 公司阿米巴经营业绩分析会议程

1. 常务副总对公司上月整体经营计划完成情况做结论性简单评价。

2. 总经理对影响经营利润的各项因素（市场形势、外部市场环境、内部因素等）进行分析和说明，提出各系统单位改善的重点要求，必要时说明经营计划和整体经营目标调整。

3. 常务副总对各个系统经营计划完成情况做结论性的分析和综述评价，并提出改善课题方向性建议。

4. 生产副总做生产系统影响因素的综合分析，并提出各生产单位的本月度改善方向、目标及具体经营计划。

5. 营销副总做营销系统影响因素的综合分析，并提出各生产单位本月度改善方向、目标及具体经营计划。

6. 研发部做研发项目进展情况的概述。

7. 工厂做本部门上月度经营计划执行情况的分析汇报（包括项目性课题进展情况）和本月度的经营计划。

8. 各区域做本区域上月度经营计划执行情况的分析汇报（包括项目性课题进展情况）和本月度的经营计划。

9. 各部主管在本月度计划中可陈述资源的请求，由总经理当场给予答复，对于重要课题资源请求，会后讨论给予回复。

10. 常务副总做总结并公布召开下次业绩评价会以及提交完善月度计划的时间，并汇总成册。

从中可以看出，阿米巴经营业绩分析会始终强调产生的数据、计划的执行、可用的资源等信息，据此分析并提出科学合理的下一步行动计划。而在导入阿米巴经营的过程中，企业只有以中医严谨医人的态度对数据表示足够的重视，对业绩分析会拿出十分精力的投入，才能让阿米巴经营会计在企业中发挥出最大效用。

新方三：定目标，重长远

医者行医，其所开出的药方都是出于长远考虑，让患者摆脱疾病折磨以恢复健康，让未病者增强体魄以延年益寿。企业治企，其所制定的计划也都是出于长远考虑，让出问题的部门走上正轨，让正常的部门更好地运转。因此，从长远的角度来制定目标便是阿米巴经营会计的“新方三”。

⊙ 定目标，指明行动的方向

医人是中医永恒不变的目标，在这一目标下，中医开出“扶正祛邪”的药方，用健康替换疾病，用强壮替换虚弱。“医人”指引着中医行医的方向，“医企”同样也指引着企业经营的方向。这是因为，任何一个企业都离不开明确的目标和计划，只有这样，企业才能有序、有效地进行各种企业经营活动，保证企业的可控性，从而实现企业预期的目标。

不同的药物具有不同的治疗功能，而对复杂的病情，往往需要多味药物搭配使用，而其中各味药物占比多少就需要结合治疗的目的进行确定。明确的治疗目的为中医救治指明了方向，而明确的经营目标则为企业发展指明了方向。企业根据经营目的将经营活动中的主次进行区分，将有限的企业资源进行合理分配，把更多的资源投入到主要的活动中，真正地把好钢用在刀刃上，让企业资源发挥出最大的作用。

没有明确治疗目标，在用药时必然是胡乱开药，最后还有可能加重病情。同样，没有明确的经营目标，在发展中必然是如苍蝇般横冲直撞，难成气候。为此，企业在经营中必须用具体的数据来制定具体的目标，以明确销售额、生产总值、结算销售额、单位时间劳动生产力等经营目标。这是因为，量化的目标更容易被员工理解，也能帮助员工更清晰地认识到其所肩负的使命。此外，目标的制定要尽可能地详尽和细化，将目标细化到各个阿米巴。

需要注意的是，各阿米巴的发展程度往往是不平衡的，其在公司战略中所处的地位也是各不相同的，这导致它们的绩效表现形式各有差异。因此，在制定经营目标时，各阿米巴应是有区别的。

另外，在制定经营目标时，还要考虑到总部与各阿米巴之间的一致性。目标矛盾犹如用药相克，轻则“伤身”，重则“致命”。因此，各阿米巴经营单元子战略目标应与集团公司的战略总目标保持一致。也就是说，阿米巴经营单元子战略目标沿时间维度（年度）的纵向分解，形成了各业务单元的年度经营目标。为加深理解，可参考 ×× 公司的年度经营目标，见表 6–3。

表 6–3　×× 公司年度经营目标

项目	定量化目标	定性化目标
销售阿米巴	销售额； 经营利润； 商品周转率； 人·月劳动生产力； 市场占有率	新市场开拓； 新客户开拓； 顾客满意度； 营业人员能力提升

续表

项目	定量化目标	定性化目标
制造阿米巴	销售额； 制造成本降低； 生产期间缩短； 库存周转率； 原材料周转率； 交期达成率	顾客导向的生产体制； 与营业部门合作的强化； 成本管理制度的改善； 品管活动的落实； 工场配置的改善； 部分工时人员的有效活用； 委外加工的强化
研发部门	新产品开发； 产品改良； 专利申请	研究开发体制改善； 研发人员能力开发
财务部门	资金运用； 资金调度； 应收货款降低； 财务费用降低； 核算时间的缩减	融资机构构成的改善； ××IT 系统的导入； 核决权限的修改
人事部门	加班时间的改善； 招募新人； 新进人员稳定率	企业人力能力开发； 劳资关系之和谐； 人事制度改善； 管理干部年薪制度导入

从表 6-3 中可以看出，各阿米巴的目标明确而具体，为其行动指明了方向，方便了其经营工作的开展。中医在明确了诊治方向后，接下来的重点便是根据病人的情况划分疗程，给病人拿出一个大概的诊治计划；同样，阿米巴经营会计在明确目标后，最关键的便是制定年度经营计划，为长久经营与发展夯实基础。

⊙ 年计划，长久经营的第一步

中医强调让生命健康、有序地向前发展，其不只看重当前疾病的治愈，更看重长久寿命的延续；其不只看重生命的长度，更看重生命的品质。从一开始，中医就从长远为病人考虑，故其历经千年而不衰。同样，企业若是想长盛不衰，其在制定目标时亦需从长远考虑，而年度经营计划便是企业实现长久经营的第一步。

年度经营计划是企业为达到战略目标，通过反复进行周密的模拟制定出的年度方针和计划，它显示着公司领导“希望在这一年里开展何种经营”的意志，有助于企业各部门齐头并进，以及企业管理层与基层之间的互动。

中医在治疗时常常拿出一个诊治计划，叮嘱病人按时复诊以及时调整药方。与中医而言，不同疗程，不同用药；与企业而言，不同时期，不同管理。对经营者来说，有计划才有可靠性，管理才能更加得心应手。因此，阿米巴经营核算管理以月度为周期，每个月都制作计划和业绩报表，并对计划进行精确的进度管理。

中医围绕医人，根据不同疗程的不同病情，对药方进行调整，以构成整个治疗的过程；阿米巴各部门的负责人则围绕公司的年度经营计划，充分考虑“自己所负责的事业必须起到何种作用，必须实现多少增长”，并把具体的方针、目标、对策明确地传达给各阿米巴领导，以此来制定各阿米巴的年度经营计划。

中医药物成千上万，药性各有不同，安全用药必须遵循配伍规律。同样，面对不确定的市场环境和不可预知的未来，企业要想最大限度地规避风险，就要尽可能地对不确定的市场环境进行有效的预测，提高对未来的掌控能力。而制定经营计划则为企业经营活动树立了明确的行动指南，可助其及时发现工作偏差并予以纠正，将不确定性降到最低。中医用药有规律需遵循，阿米巴经营会计年度经营计划的编制也要有原则，具体如下：

首先，可行性原则。可行性原则的具体做法是：指导各部门制定年度计划，明确各部门在具体实施中需要的资源和其他部门的协助，确保阿米巴组织的参与，为年度经营计划的落实打下坚实的基础。

其次，"自下而上"和"自上而下"相结合的原则。"自下而上"就是各阿米巴组织基于历史数据分析（如业务变化和增长规律）和新的增长点（如产品、客户、区域等）制定组织业务目标；"自上而下"是公司从战略高度出发制订出公司宏观的目标。将这两种方法相结合的原则就是公司和各阿米巴组织协商沟通的过程，如此制定出的目标兼顾公司战略发展和员工的意愿与能力，具有极强的可行性。

最后，经营计划可分解落实原则。通过制定年度计划，按月或日进行管理，分解到各个阿米巴，企业通过"联欢会"等形式，分享完成目标的喜悦，反复开展后，激发出完成年度经营计划的巨大能量。

此外，阿米巴经营会计年度经营计划的编制，还需要像中医根据病情调整用药一样按照步骤进行，具体如下：步骤一，企业首先要明确整体（总公司）的经营方向，即先制定定性政策；步骤二，根据定性政策，制定并分解损益目标；步骤三，将总公司的定性政策和损益目标分解到事业部，事业部再将损益目标分解到店铺团队，以通过逐层的分解促进各层级之间产生联动；步骤四，总公司、事业部和店铺团队针对已有的损益计划和损益政策进行确认，达成共识。

"头痛医头，脚痛医脚"般的经营过于鼠目寸光，难以抓住企业经营中的核心，自然也就难以取得良好的效果；而阿米巴经营会计则既看短期又重长远，在保证短期收益的基础上确保了企业的常青经营。

新方四：摊费用，走程序

中药可以消除病因是其药性发挥了作用，而要想让药性得到最大限度的发挥，往往需要其他药材与之配合熬制。要想药到病除，药材的损耗是难免的；而企业要想经营下去，费用也是必不可少的。

另外，中药熬制时的火候大小、药材放入次序，以及用药时间、禁忌等都有一定的要求；同样，阿米巴经营会计在分摊费用时也有着一定的程序需要遵循。因此，依照程序来分摊费用是阿米巴经营会计的“新方四”。

⊙ 摊费用，促进稳健发展

中医坚持“以人为本”，阿米巴经营则更是强调“人人都是经营者”，并充分地授权一线，实现责、权、利平衡。充分授权不是将所有职能下放，因为阿米巴经营是“分中有合、合中有分”，总部和各利润型阿米巴共同创造了企业价值。

一个药方中往往有多味草药，每一味都有着不可代替的作用，正是在这些草药的综合作用下，药性才得到了最大的发挥。而每个公司也有不同的职能部门，同样每一个职能部门也都是不可代替的，因为它们具有着不可替代的功能，如战略引领职能、市场支持职能、风险管控职能、资产配置职能、人力优化职能、人才培养职能、资产管理职能、文化统一职能、品牌管理职能等。

各个职能部门在运行中，为了达到一定的目的总是难免会调配使用各种资源，而这些资源则构成了阿米巴经营会计中的费用。这些费用的存在是必要的，但是这些职能部门往往无法自我消化掉这些费用，因此需要利润型阿米巴进行合理分摊。

科学地进行公共费用分摊，有助于控制费用，提高公共职能，促进企业稳健发展。而公共费用理想的分摊顺序是：集团控股公司——各片区——各分子公司——一级巴（如营销巴和生产巴）——二级巴——三级巴等，一直分解到最低层的阿米巴组织。

需要注意的是，正如中药有配伍禁忌，将相克药物进行搭配不仅不益于治疗，甚至会加重病人病情；阿米巴经营会计费用分摊同样是有禁忌的，若是下级阿米巴分摊到了与自己不太相关的费用，由于不了解和难以把控，费用的管控往往难以发挥作用。因此，在阿米巴经营会计费用分摊中，要像中医注重用药规律一般给予分摊足够的重视，严格按照程序步骤推进分摊工作。

⊙ 走程序，明确分摊步骤

第一步：归集费用单元。

熬制中药的第一步是把各味草药集齐，分摊费用的第一步则是把各个费用单元列出，为进行下一步打好基础。具体如何归集费用单元，可参见 ×× 公司费用单元表，如表 6–4 所示。

表 6-4　××公司费用单元表

序号	部门	职能	使用方	额度
集团总部费用中心	人资中心			
	财务中心			
	市场中心			
	研发中心			
	质量中心			
	运营中心			
	工程中心			
	总裁办			
巴内费用中心	分公司研发			
	分公司运营			
	分公司客服			
	分公司售后			
	……			

第二步：归集费用单元的公共职能和使用方法。

每味草药功效不同，各费用单元也具有不同的公共职能。一般来说，归集费用单元的公共职能时，按公司组织机构设计填写。

中医配伍用药时要注意草药之间的关系，以发挥最大的药效；归集费用单元时也要注意它们之间的联系，具体归集时所使用的方法一般是由受益的阿米巴单元将费用明细到一级、二级利润单元。

第三步：确定费用项目和年度费用额度。

各部门归集，最后汇总。具体如何归集，可参见××公司公共费用明细表和人力企管部费用明细表，如表 6-5 和表 6-6 所示。

表 6-5　×× 公司公共费用明细表

费用发生部门	费用项目	包含内容
控股公司	人工费用	工资
		劳务费
	社会保险（统筹）	养老 + 失业 + 医疗 + 工伤 + 生育
	住房公积金	住房公积金
	工会经费	工会经费
分公司公共费用	人工费用	工资
		劳务费
	社会保险（统筹）	养老 + 失业 + 医疗 + 工伤 + 生育
	住房公积金	住房公积金
	工会经费	工会经费
部门公共费用	人工费用	工资
		劳务费
	社会保险（统筹）	养老 + 失业 + 医疗 + 工伤 + 生育
	住房公积金	住房公积金
	工会经费	工会经费

表 6-6　×× 公司人力企管部费用明细表

<table>
<tr><td rowspan="3">人力
企管部</td><td>住房公积金</td><td>住房公积金</td><td>指公司给员工交缴部分的住房公积金</td></tr>
<tr><td>社保费</td><td>社保费</td><td>支付的社会保险金，含养老保险、失业保险、工伤保险、医疗保险（公司支付部分）</td></tr>
<tr><td>招聘费</td><td>招聘费 - 场地费</td><td>为招聘而支付给人才市场或其他机构、返给公司内部介绍普工的费用、应聘人员交通费</td></tr>
</table>

续表

<table>
<tr><td rowspan="7">人力企管部</td><td>培训费</td><td>培训费</td><td>交给培训机构的学费、资料费、外出培训所发生的差旅费、场地费，公司为员工内部培训支付的费用（包括内部讲师费用）</td></tr>
<tr><td>会议室、培训室使用管理</td><td></td><td>指管理会议室、培训室发生的各项费用</td></tr>
<tr><td rowspan="3">福利费</td><td rowspan="2">公司活动费</td><td>节日费用、运动会费、春晚费用等集团活动产生费用</td></tr>
<tr><td>体检费、子女入学补贴、优秀员工旅游费，团队建设活动费、年底及开工红包、生日活动费用</td></tr>
<tr><td>补偿金</td><td>被辞退人员离职补偿金</td></tr>
<tr><td>员工调配费、植树费、联防费</td><td>交政府杂费</td><td>是支付给政府劳动部门的员工调配费用、治安联防费、植树等费用，包括工商管理费、各类行政证件的年审费用</td></tr>
<tr><td>考勤系统管理费用</td><td></td><td>包括考勤系统的管理、维护费用</td></tr>
</table>

第四步：明确分摊原则和维度

公共费用分摊原则是“谁使用、谁受益、谁负责”，也就是说，在分摊中要做到公平公正、有根有据、合情合理、因地制宜、因时制宜。如果不顾分摊原则，硬生生将各种公共费用分摊给各个阿米巴利润中心，会造成阿米巴之间相互抵触，产生负面影响。

作为费用中心，阿米巴公共职能部门的核心任务是提高服务质量和效率，并不断降低费用开支。对公共职能部门的考核，除了要根据费用中心的经营报表所体现的进步性外，还需要结合公司整体的绩效评价体系，计算出相应的绩效系数进行考核。

理论上，费用分摊存在着一个最佳标准。例如，对于那些可以准确计量的公共费用，如水电费等，可以按实际耗用量分摊。但是，实际中更多的费用是没有明确的分摊标准的，如品牌广告费、人力资源部门产生的费用，很难按照一个标准将其分摊到各阿米巴中。

关于费用分摊的维度选择主要有以下四种：按人数分摊；按营业额分摊；按资源配置分摊，如按电脑台数、PDA 数量、面积、资产总额、使用时间等分摊；按收费方式分摊，对产品和服务进行定价，按实际使用数量与价格进行核算。具体费用分摊可参见 ×× 公司总部费用分摊方案，如表 6–7 所示。

表 6–7　×× 公司总部费用分摊方案

<table>
<tr><td colspan="10">总部费用分摊方案</td></tr>
<tr><td>人资中心</td><td>行政中心</td><td>财务中心</td><td>客服中心</td><td>采购中心</td><td>市场中心</td><td>经营管理部</td><td>经营企划部</td><td>质量中心</td><td>研发中心</td></tr>
<tr><td colspan="2">按各公司人数所占比例分配</td><td>按 8 个公司平均分配</td><td colspan="7">按销售金额所占比例分配</td></tr>
<tr><td colspan="10">按上面方案计算各公司的占比如下</td></tr>
<tr><td>公司名称</td><td>广州</td><td>汕头</td><td>阳江</td><td>东莞</td><td>深圳</td><td>惠州</td><td>江门</td><td>佛山</td><td>总计</td></tr>
<tr><td>费用分摊比例</td><td>25%</td><td>7%</td><td>10%</td><td>12%</td><td>24%</td><td>7%</td><td>8%</td><td>7%</td><td>100%</td></tr>
<tr><td>费用分摊金额</td><td>2500</td><td>700</td><td>1000</td><td>1200</td><td>2400</td><td>700</td><td>800</td><td>700</td><td>10000</td></tr>
</table>

第五步：对以上步骤进行汇总成表

将前面四步进行汇总，整理成表格。具体整理可参见 ×× 公司总部和巴内的公共费用分摊情况，如表 6–8 和表 6–9 所示。

表 6–8 ×× 公司总部公共费用分摊表

序号	费用名称	来源部门	年度额度	使用单位	分摊规则	一级阿米巴分摊额	二级阿米巴分摊额	三级阿米巴分摊额
1								
2								
3								
4								
5								
6								
7								
8								

表 6–9 巴内公共费用分摊表

序号	费用名称	来源部门	年度额度	使用单位	分摊规则	分摊明细
1						
2						
3						
4						
5						

续表

序号	费用名称	来源部门	年度额度	使用单位	分摊规则	分摊明细
6						
7						
8						

中医用药有着一定的规律，若违背用药规律，不仅药性难以发挥，还有可能加重病情。同样，在阿米巴经营会计中，费用分摊也有着可遵循的程序。若不按程序分摊费用，不仅难以合理消化费用，还有可能产生更多不必要的费用，让企业发展步履维艰。因此，企业在导入阿米巴经营会计时，一定要严遵“摊费用，走程序”这一“新方”。

新方五：控成本，纠偏差

古语云：“中医不传之秘在于量。”药量影响着药效的发挥，若药量过小则起不到治疗作用，而药量过大又会造成不必要的浪费，甚至是更严重的后果。同样，企业经营的关键就在于成本控制。只有将成本费用控制在合理的范围内，才能纠正偏差，防止费用超支，从而保证企业的正常运转。因此，控制成本以纠正偏差为阿米巴经营会计的“新方五”。

⊙ 控成本，防止费用超支

用药剂量的轻重，对于疾病的治愈有着重要的影响。医者在配伍用药时，需要合理地控制药量，如此才能让药方发挥最佳疗效，使患者痊愈。而企业经营亦如中医治病，经营中需要把握好“剂量”，即合理地控制成本费用，如此才能防止费用超支。

所谓阿米巴成本控制，是指阿米巴组织在生产经营过程中，按照预先设立的成本费用目标，在其职权范围内，对各种影响成本费用的要素进行规划和调节，以保证阿米巴成本管理目标实现的管理行为。

医者在开方下药前，需要先诊察病机、病因以及病人的身体状况，进而明确治疗方案，辨证施治。而企业在进行成本控制之前，也需要先明确阿米巴成本费用的内容，进而采取针对性的控制措施，“对症下药”。阿米巴成本费用的具体内容如表 6–10 所示。

表 6–10　阿米巴成本费用明细表

项目	直接生产成本				间接生产成本				
	原材料	制造费用	外购半成品	人工成本	管理费用	销售费用	培训费	人工成本	总计
1 月									
2 月									
3 月									
4 月									
5 月									
6 月									
7 月									
8 月									
9 月									
10 月									
11 月									
12 月									
总计									
平均									

从表 6–10 中可以看出，阿米巴成本费用的内容是按照成本费用的构成进行划分的，主要包括如下四个方面：

一是阿米巴的原材料成本控制。在生产型阿米巴中，原材料成本占比超过了 60%，是成本控制的主要内容之一。原材料成本主要受到采购、库存费用、生产消耗等因素的影响，因此阿米巴的原材料成本控制可以从材料购进、存储过程和材料消耗等环节着手。

二是阿米巴的工资费用控制。工资费用也是阿米巴成本费用中重要的一部分，其影响因素主要有劳动定额、工作效率、工人出勤率等。因而控制工资成本的关键是提升各个阿米巴组织的工作效率，减少工资在单位产品中占的比重。

三是阿米巴的制造费用控制。在阿米巴成本费用中，制造费用也有很多需要开销的地方，主要有修理费、辅助生产费等。对于这一类费用的控制，经营者需要加强成本核算，按照预算进行。

四是阿米巴的管理费控制。阿米巴管理费是指在管理生产过程中所产生的各项费用。管理费用的项目也很多，需要按定额进行控制，并且各个阿米巴组织和车间都要设置专门的人员进行监督。

成本控制的内容虽不尽相同，但基本过程却是一致的。阿米巴成本控制的过程，是指对企业在生产经营过程中发生的各种费用进行计算、调节和监督的过程。经营者按照一定的过程和步骤进行成本控制，能够及时发现高费用产生的环节，从而尽可能地降低成本费用。

中医的诊治过程是一个科学严谨的辨证施治过程，医者是在四诊合参的基础上对疾病进行综合分析，进而明确病因、病位、病况等，然后再确定治疗方案；而阿米巴成本控制的过程也是一个科学完整的过程。阿米巴成本控制的具体步骤如下：

第一步是制定阿米巴的成本费用控制标准，建立成本费用标准体系。

中药种类繁多，且每味药材都有其特定的药性，而药性就是医者选材用药时参考的标准。同样，成本费用标准是成本费用控制和考核的依据，可以规定各项费用的开支和资源的消耗。阿米巴成本费用的控制标准需要经营者在实践中进行总结，使其成为一种完备的标准体系，从而提高成本控制效果。

第二步是建立阿米巴成本费用控制的组织体系和责任体系。

财务部门要在阿米巴组织中各个费用发生的环节，建立成本费用责任制和监督机制，定岗、定人、定责，并定期检查。各个阿米巴成本费用的形成过程，都需要责任人按照成本费用标准进行严格的控制和监督。

第三步是建立阿米巴成本费用控制信息反馈系统。

医者在为病人诊治后，还会及时关注病人的反馈，以确保诊治效果；而企业经营也需要依据反馈结果来检测成本费用控制效果。会计人员要将成本费用标准与实际发生的成本费用之间的差异，准确地反馈到决策层，以便经营者及时采取措施，协调企业的经营活动。

要想药方发挥最佳疗效，定量是关键；而要想降低产品价格，提高阿米巴组织的竞争力，则控制成本费用是关键。阿米巴的成本费用影响产品价格的高低，对成本费用进行合理有效地控制，可以使企业在激烈的市场竞争中处于有利地位。

⊙ 纠偏差，改善经营管理

医者对药量进行控制，是为了防止药方出现偏差而贻误病情；企业对成本进行控制，同样是为了防止费用出现偏差而阻碍企业发展。

在进行成本偏差控制时，经营者要先“诊察”出偏差发生的“病因”，然后采取切实措施，加以纠正，以确保成本控制目标的实现，从而改善企业的经营管理，创造高收益。企业成本偏差控制的具体措施如下：

首先，重新梳理阿米巴经营数据。

员工了解阿米巴经营数据，能够提高参与成本控制的意识；阿米巴组织掌握经营数据，能够制定正确的成本控制决策，从而降低成本。因此，为了让每一位员工都能看懂这些数据，让经营者有经营数据的概念，企业就要制作通俗易懂的会计报表。

经营者还要不断地对阿米巴经营数据进行取样，了解各种成本费用的明细和会计记账的方式。阿米巴有销售中心、研发中心、制造中心等，会计可以以这几个中心为单位进行记账，也可以以地区、产品或客户为中心进行记账。总之，会计要时刻保证财务基础数据的准确性，这对于纠正成本偏差是非常关键的。

其次，列出详细的阿米巴成本费用。

阿米巴成本费用列得越细，成本控制就越准确。阿米巴成本费用管理表，如表 6-11 所示。从中可知，公司的办公费用有通信费用、网络费用、邮寄费用等；差旅费用有车费、住宿费、餐饮费等。对于所有产生费用的地方，都要详细地列出来。另外，对于阿米巴经营会计报表里列出的所有成本，经营者都要进行一一分析，以便找出偏差，加以纠正。

表 6-11　阿米巴成本费用管理表

项目	当月预算	实际费用	剩余费用	超出费用	备注
办公费用	固定电话费				
	手机费				
	网络费				
	邮寄费				
	报单费				
	其他				

续表

项目	当月预算	实际费用	剩余费用	超出费用	备注
差旅费	车费				
	住宿费				
	餐饮费				
	路桥费				
	其他				
其他费用	维修费				
	水电费				
	销售经费				
	……				
	总计				

最后，在阿米巴成本控制过程中坚持标准化工作。

“防病于未然”是中医采取的一种非常重要的治病措施；而坚持标准化工作则可以将成本偏差扼杀在“摇篮里”，有效防止偏差的出现。坚持标准化工作，是成本偏差控制的重要前提，可以使阿米巴组织的生产经营活动和各项管理工作更加规范和高效，从而保证企业的正常运作。

在阿米巴成本控制过程中，有三项标准化工作需要经营者加以重视。一是计量标准化。如果基础数据不准确，就无从谈控制，而标准化的计量方式可以为成本控制提供科学准确的数据。二是价格标准化。标准价格是成本控制运行的基本保证，因此成本控制过程中要制定两个标准价格，即内部价格和外部价格。三是质量标准化。质量是产品的灵魂，没有质量标准，成本偏差控制就会迷失方向。

纠偏是阿米巴成本控制的核心，只有通过纠偏，才能实现控制成本的目的。但需要注意的是，在进行成本偏差控制时，经营者要对成本控制进展进行实时跟踪和检查，了解成本控制的执行情况和纠偏措施的实施效果，以便为以后的成本偏差控制提供依据。

“定量”对医者开方下药和企业的成本控制都有着重要的影响。企业在进行成本控制时，要把握好成本的“剂量”，按照一定的方法和步骤将成本费用控制在合理的范围内。企业科学地实施阿米巴成本控制，可以改善经营管理，提高经济效益，保证自身在市场竞争环境下的稳步发展。

新方六：做报表，遵原则

药方的制作需要遵循一定的配伍原则，这样才能将治疗疾病的各味药材进行最佳组合，从而治愈疾病；而企业会计报表的制作同样需要依照会计原则进行，这样才能帮助经营者和员工准确掌握企业的经营状况。因此，依照原则制作会计报表是阿米巴经营会计的“新方六”。

⊙ 做报表，助企业经营

阿米巴经营会计报表的制作，由经营管理部掌控，巴长召集，全员参与。正如药方可以反映病人的病情，阿米巴经营会计报表则可以反映企业的经营状况。通俗易懂的阿米巴经营会计报表能够帮助经营者做出正确的经营决策，协助员工更好地经营阿米巴。

药方是“君、臣、佐、使”各味药的组合；而阿米巴经营会计报表是日报表、周报表和月报表的组合。从报表的表现形式来划分，阿米巴经营会计报表则主要有以下两种：

一是单位时间核算表。

单位时间核算表，是反映各阿米巴战斗层面的经营动态、结果和效率的核算表格，能够核算出单位时间里所产出的附加值，纵向指标有销售收入、利润、人均价值等，横向指标有计划业绩、实际业绩和差异对比分析等，具体表格可参见本章中的表 6–1。

阿米巴经营并不是在每月末才进行单位时间核算，而是每天都会对公司的生产、销售、费用等重要的经营信息进行统计，并将经营数据迅速准确地反馈给各个阿米巴组织。通过阿米巴单位时间核算表，经营者能够在第一时间掌握各个阿米巴的盈利和亏损状态，从而做出更加科学的经营决策，保证阿米巴经营目标的实现。

时间就是生命，医者在为患者诊治时，都是争分夺秒进行的。与之同理，时间就是效益，只有提高单位时间的工作效率，才能增强企业的市场竞争力。通过引入单位时间核算制度，每一位员工都意识到了时间的宝贵，大家都开始努力提高自己的工作效率，进而提高公司的整体效益。

二是阿米巴月度损益表。

阿米巴经营会计月度损益表，是反映基层阿米巴在某个时间段的经营动态和经营成果的损益表格。纵向指标有销售额、变动费、固定费、投入人员等；横向内容有部门、营销收益占比和商品类别等，如表 6–12 所示。

表 6–12　阿米巴月度损益表

<table>
<tr><th colspan="3" rowspan="2">分类项目</th><th colspan="4">部门</th><th rowspan="2">合计</th><th rowspan="2">对①
百分比</th><th colspan="3">商品</th></tr>
<tr><th>采购</th><th>制造</th><th>销售</th><th>总公司</th><th>A</th><th>B</th><th>C</th></tr>
<tr><td rowspan="3">销
售
额</td><td>对外销售</td><td>1</td><td></td><td></td><td></td><td></td><td></td><td></td><td></td><td></td><td></td></tr>
<tr><td>对内销售</td><td>2</td><td></td><td></td><td></td><td></td><td></td><td></td><td></td><td></td><td></td></tr>
<tr><td>对内采购</td><td>3</td><td></td><td></td><td></td><td></td><td></td><td></td><td></td><td></td><td></td></tr>
<tr><td colspan="2">销售净额①</td><td>4</td><td></td><td></td><td></td><td></td><td></td><td></td><td></td><td></td><td></td></tr>
</table>

续表

分类项目			部门				合计	对①百分比	商品		
			采购	制造	销售	总公司			A	B	C
变动费	商品成本	5									
	运送费	6									
	销售手续费	7									
	促销费	8									
	业务资金利息	9									
合计		10									
边界利润②		11						对②百分比			
边界利润率											
固定费	人工费	12									
	设备费	13									
	其他经费	14									
	固定利息	15									
合计		16									
经营利润		17									
投入人员		18									

在这个损益表格里，针对不同的分析指标、经营单元，可以个性化设计不同的计算公式。并且通过对这些数据、公式特点和特性进行分析与思考，经营者能够及时发现问题，追踪问题的根源，从而快速地找到解决方案。

透过阿米巴月度损益表，经营者和员工能够清楚自己所负责的工作内容，以及自己承担这份工作内容的价值所在，从而进一步提升自身能力，改善日后的工作，为企业创造高收益。同时，阿米巴月度损益表使各项费用的支出和各项盈利的进账都变得更加明确，有效规避了阿米巴组织乱花费的现象。

阿米巴经营会计报表主要由经营管理部制作和监管。经营管理部长精通会计，善于数据分析，且具备通过会计报表发现问题、分析问题和解决问题的能力。因此，在日常工作中，各阿米巴组织的会计报表都要汇总到经营管理部，由经营管理部给出改善建议。

中医在行医时坚持公开透明的原则，每一位医者都会将病情清楚地告知病人。而阿米巴经营会计报表则可以使企业经营变得更加透明。通过将经营数据填入会计报表中，把月度计划和实际业绩变成具体的数据，经营者和员工能够在报表中清晰地看到自己所负责工作的完成质量和程度，从而促使他们更加积极地投入到阿米巴经营中。

⊙ 遵原则，做科学报表

中医按照一定的组方原则进行合理的配伍用药，能够帮助病人恢复健康。同样，企业遵循一定的会计原则制作会计报表，能够保证会计报表的科学性和合理性，使其更加准确地反映各个阿米巴的经营状况，进而促使经营者改善管理，员工改进工作。阿米巴经营会计七原则如下：

一是一一对应原则。

中医所开的处方都是“对症之药”，能够准确地与病情相对应；而企业做出的会计报表，也必须能够正确地反映企业当月的经营实绩，即企业每月的收益和费用必须能够一一对应。

如果某种产品的销售额已经计入当月的会计报表，那么与之对应的各种成本费用也必须计入当月。若某个企业当月的收益和费用没有一一对应起来，那么该企业当月的经营实态就会变得模糊不清，利润也会出现大幅度的波动，这将不利于企业长久稳定的发展。只有遵循对应原则，才能防止这种现象的发生，才能确保经营者掌握正确的经营数据。

二是多重确认原则。

重病患者的治疗需要医者进行“联合会诊”，这样才能保证诊断的准确性，从而治愈疾病。与之同理，企业在做会计报表时，也必须遵循多重确认原则，这样才能保证会计报表的准确性和科学性。

所谓“多重确认”，简单地说就是会计报表中涉及的所有数据都需要至少两个人进行确认。只有多人员或多部门进行多次确认，才能“防患于未然”，有效防止差错的发生，从而帮助经营者做出正确的经营决策，指导员工进行高效的工作。

会计报表是经营判断的基础资料，其中的数字稍有差错，就可能导致经营判断失误。因此，企业做会计报表时必须遵循多重确认原则，以切实地保证经营目标的实现。

三是提高核算原则。

“销售额最大化，费用最小化”是企业的经营目标，而这一目标是通过科学的核算来实现的。因此，企业在做会计报表时，必须遵循提高核算原则，尽可能地优化会计报表，提升其核算力度，这样才能促进企业发展。例如，制作出的单位时间核算表，必须能够清楚地核算阿米巴的附加价值，即“结算销售额”，从而使经营者和员工明确企业的盈利情况。

四是透明经营原则。

阿米巴经营的目标是实现全员参与的经营，不仅经营者要掌握公司的经营状况，全体员工也要明确公司的盈利情况。这就要求做出的会计报表必须能够准确地向公司上下反映公司的经营状况。因此，在做会计报表时，必须坚持透明原则，不仅要保证通俗易懂，使经营者和普通员工都能看懂会计报表，更要做到公开透明，及时向员工发布真实的经营数据，从而促使员工产生经营者意识。

五是现金本位原则。

这一原则强调企业经营者要关注现金流，保持现金的充裕，也就是说，不仅要实现账面的盈利，还要时刻保证企业有钱可用。经营企业要时刻留有余裕，要像修筑水库使河流保持一定的水流量一样。因此，做会计报表时，必须提防有账无钱的情况出现。

六是筋肉坚实原则。

所谓“筋肉坚实”，就是指没有任何赘肉，浑身肌肉发达。阿米巴经营要求企业必须避免任何不必要的经费开支，消除任何不能产生利润的库存和设备等不良资产，并对长期库存和设备进行严格管理。因此，制作出的会计报表要能够保证公司费用“筋肉坚实”，避免增加过多的固定费用。

七是完美主义原则。

这一原则要求经营者在制作会计报表时不能含糊不清，要保证会计报表的内容和形式都相对完美。每次制定的计划和目标都必须不折不扣地在报表中显示出来。另外，生产、销售、研发等各个环节的信息也都必须在报表中完美呈现。

任何疾病的诊断和治疗都需要医者依照一定的诊治原则来进行；而企业的一切生产经营活动也都需要遵循一定的原则。依照原则制作会计报表作为阿米巴经营会计的“新方”之一，能够保证会计报表的科学性和可靠性，能够提高其核算力度，增加附加值，提升企业的整体效益。

新方七：据反馈，适市场

中医的诊治过程是一个不断反馈的过程，医者需要时刻诊察病情变化，并根据反馈结果，及时调整治疗方案，以便为日后的诊治工作提供依据。同样，企业也需要根据经营数据反馈的结果，及时调整经营决策，以便灵活应对市场变化。因此，根据数据反馈来调整经营以适应市场为阿米巴经营会计的“新方七”。

⊙ 据反馈，明经营状况

如果没有简单有效的反馈，医者就无法准确把握诊治方案的治疗效果。对于企业来说，建立一种简单有效的数据反馈系统也是非常重要的。数据反馈系统可以将各个阿米巴的核算数据及时传递给企业的各个部门，从而使企业的运营状况更加透明化、合理化。

阿米巴经营数据反馈系统，是通过对会计报表中的各种数据进行分析，来明确阿米巴的经营状况，从而实现动态管理的一种系统。经营数据反馈系统包括智能数据分析系统和数据反馈系统。

智能数据分析系统主要包括数据输入，即将工资福利信息、成本信息、客户信息、知识信息等进行整合，随后将得到的数据汇总起来，及时地输入财务管理信息系统中。数据反馈系统即信息系统，主要包括数据输出，即通过对输入的信息数据进行加工，核算出企业近期的经营成果，并将经营信息数据传递给各个阿米巴。

中医的诊断过程是复杂且专业的，但医者在向病人阐述诊断结果和治疗方案时，必须简单、清晰，以保证病人能够理解。同样，阿米巴经营数据反馈系统也必须清晰、直观地呈现给企业员工使用。自主经营单元的核算系统，是基于获取企业经营数据以后才能进行核算的，因此，企业经营数据的反馈系统必须简单易懂。

反映经营状况的阿米巴经营数据反馈系统具备独特的功能和优点。首先，数据反馈系统具备数据搜集、数据加工和数据发布的功能。其次，阿米巴经营数据反馈系统格式简单、便于操作，能够让数据使用者对经营数据一目了然。再次，数据反馈系统每天都会对经营数据进行反馈，便于员工及时发现工作中的问题，从而及时采取解决措施。最后，经营数据的反馈系统，具备独立核算的功能，并且核算是建立在企业整体核算基础之上的。

在实行阿米巴经营模式的企业中，各阿米巴组织每天都会召开会议，向员工反馈前一天的生产量、目标达成率、良品率等经营数据。通过数据反馈现场，将阿米巴经营目标和经营数据在会议上反复传达，帮助经营者和员工及时掌握数据核算结果。

在掌握了反馈数据后，各阿米巴组织会据此来设定日目标、月度目标和年度经营目标，以实现对实际业绩的动态管理。经营数据反馈系统产生的有益结果能够确保经营者和员工获取正确的经营数据，并通过对比，发现工作中的不足并及时加以改进。这样一来，不仅员工的工作效率得到了提升，企业也因此得到了快速发展。

“理、法、方、药”涵盖了中医的诊法和治法，共同构成中医的基础；而经营数据反馈系统作为一种完备的“治企”之法，同样是阿米巴经营模式的基础。通过经营数据的反馈，各阿米巴组织的损益状况变得更加直观和具体。根据数据反馈的结果，经营者可以准确地把握企业的经营现状，从而做出科学的决策，使企业能够灵活地适应市场变化。

⊙ 适市场，建反馈系统

疾病得到治愈的关键在于中医通过辨证施治，明确病因、病位以及病情的变化，从而对症下药；而企业获得长远发展的关键在于通过数据反馈系统，明确企业的经营状况，从而及时应对市场变化。

建立简单有效的数据反馈系统，能够确保数据反馈的结果准确、全面，从而帮助员工及时掌握企业经营的综合情况，实现更好的自主经营。那么，如何建立易懂易用、及时有效的阿米巴经营数据反馈系统呢？具体要求如下：

第一，要确保数据反馈系统的准确性。

准确诊断是治愈疾病的前提。同样，准确的数据信息能够如实地反映出企业的经营状况，帮助员工实现自主经营管理，帮助阿米巴领导人做出正确的经营决策，从而使企业实现长远发展。因此，在建立数据反馈系统时，企业的经营者必须对数据的准确性加以重视。

第二，要确保数据反馈系统的及时性。

员工要想不断提高工作效率，就需要将当天的经营核算情况及时反馈给管理者，不得滞后。只有让管理者及时地看到员工的核算数据，才能掌握员工的工作情况，以便更及时准确地指导员工下一阶段的工作。

第三，要确保数据反馈系统的可操作性。

医者所开的药方必须是简单易懂的，病人只有理解并掌握了治疗方案，才能配合治疗。而数据反馈系统也必须易懂易用，操作步骤必须精简，以满足使用者需求。只有便于理解和使用的数据反馈系统，才是最优的系统。数据反馈系统在设置上应以简单为主，以便于员工能够清楚地了解数据反馈系统所呈现的内容，从而将数据反馈系统的信息利用到极致。

第四，要确保数据反馈系统能够呈现出各部门业务之间的关系。

由于各部门之间的业务具有一定的关联性，因此，数据反馈系统中需要将各部门业务之间的关系一一呈现。这样有利于部门工作人员清楚自己所处的岗位，明确自己的岗位职责，促使他们为企业的发展而努力。

第五，要为数据反馈系统注入灵魂与哲学。

企业的发展需要经营哲学，数据反馈系统同样如此。为数据系统注入灵魂与哲学，能够让数据系统成为具有“人格”的生命体，使其成功融入到“人”的组织中去。只有富有灵魂与哲学的数据反馈系统，才能成为为企业服务的“聪慧助手”，才能激发员工的工作潜力，创造出前所未有的成功。

建立简单易懂的阿米巴经营数据反馈系统，不仅能够帮助员工养成及时关注经营数据的良好习惯，也能够提高他们发现问题、解决问题的能力，还能够促使他们从更客观的角度来分析自己的能力和优缺点，从而提升自己，改善工作方式，实现更好的自主经营。

另外，建立了简单有效的经营数据反馈系统，即使市场经济环境变化剧烈，企业也无须担心，因为价格的变动会立即反映到各个阿米巴之间的买卖价格上，并通过数据反馈系统直接传递到公司内部的全体员工，从而使全体员工都迅速做好应对市场变化的准备。

病情时刻都在发生变化，医者只有及时掌握反馈信息，才能做出最佳的治疗方案。而面对不断变化的市场经济环境，企业也必须反应敏捷，如果不能灵活应对，就无法确保经营目标的达成。因此，企业必须建立经营数据的反馈系统，并通过此系统及时掌握各阿米巴的经营实绩，从而更好地经营阿米巴。

治愈疾病和经营企业都需要信息的反馈，如果没有反馈，那么整个过程就是单向的、盲目的。只有建立一种简单有效的数据反馈系统，经营者才能迅速并且正确地做出经营判断，员工才能及时改进工作，企业才能灵活地应对市场变化。

新方八：定内价，讲公平

医者行医，其所用的每味药材都有一个价格标准。医者只有遵循这个标准为病人看病拿药，才能保证公平公正，使病人的疾病得以医治。同样，企业只有进行内部定价，统一价格标准，才能保证内部交易的公平公正，使员工感受到公平；才能帮助经营者做出更为科学的决策；才能让各个阿米巴准确地掌握企业的经营状况。因此，企业制定内价是阿米巴经营会计的“新方八”。

⊙ 定内价，遵四法

中医药材种类繁多，且每味药材都有其特定的价格，而价格的高低则是由药材的药性及其疗效决定的。企业各部门在进行内部定价时，同样需要协调好、衡量好各方面的利益关系，综合考虑成本、市场、利润等各个因素，来制定不同的定价方法。具体来说，企业内部定价方法主要有以下四种：

第一，成本推算法。

药材的价格是由其成本决定的，如果医者不依据每味药材的成本就推算药材的价格，则会为医药市场带来不良的影响。同样，企业如果不考虑每道工序的成本就盲目地对产品进行价格推算，企业一样不会更好地发展。成本推算法是企业的一种定价方法，可以更合理地对产品进行定价。

成本推算法是指按照每道工序的成本多少来推算内部价格，以每道工序的单位成本为基础，加上预期的利润来确定内部价格的定价方法。需要注意的是，阿米巴的成本推算法中的成本指的是经营过程中所发生的实际耗费。

这一方法的优点是定价方式简单明了，以现成的数据为基础。在实践中，阿米巴可采用成本加成的方法（即在服务成本的基础上加一定的加成率）来定价。其缺点在于忽视了市场价格、需求变动的关系，以及市场的竞争问题，不利于企业降低产品的成本。

第二，利润推算法。

利润推算法指的是根据企业总成本和预期销售量，确定一个目标利润率，以此作为定价的标准。这种定价方法的优点是比较关注市场、关注竞争对手。

一定的目标利润需要一定的目标销售额与目标成本来维系。阿米巴组织把利润目标作为出发点，经过科学的市场调查和预测基础，通过与同行业先进水平、本阿米巴最好水平的对比，而对阿米巴在将来一定期间所获的利润做出科学的预算，以实现经济效益最佳化，扩大市场份额，确定合理的产品价格。

第三，交易协商法。

交易协商法是指阿米巴之间本着公平、自愿的原则，协商后达成的价格。交易协商法以外部市场为基础，参考在阿米巴之间或者阿米巴与无关联的第三方之间发生类似交易时的价格，各阿米巴共同协商确定一个双方都愿意接受的价格作为内部转移价格。这种方法是在各阿米巴独立自主制定价格的基础上，充分考虑企业整体利益与供需双方的利益，与此同时保留了阿米巴负责人的自主权，通过各阿米巴之间自愿、公平的交易，激发了员工的工作积极性，培养了阿米巴的经营人才。

这一方法的优点是效率高，可以更实现企业整体利益最大化。缺点主要有两个方面：一是协商时会花费相当多的时间与资源；二是由于存在质量、数量、商标、品牌以及市场经济水平的差别，使得协商的价格与市场价格直接对接会比较困难。

第四，市场参照法。

市场参照法指的是在存在完全竞争的市场条件下，参照市场价格，让定价双方做到心中有数，最终按市场价格定价。以市场为依据的内部定价适用于能够对外销售产品和从市场上购买产品的较高层次的阿米巴，其特点是灵活有效地运用价格上的差异，让成本相同的产品随市场需求的变化而不断变化，不和成本因素发生直接关系。

这一方法的优点在于市场价格比较客观，能够体现出责任会计的基本要求；缺点是市场价格一直在变动，其准确性与可靠性会受到影响，另外，有些产品没有市场价格参考，在进行内部交易时会受到很大的限制。

阿米巴内部交易产品的类型多种多样，每种产品或服务都有其对应的定价方法。阿米巴内部交易产品及其定价方法，如表 6–13 所示。

表 6–13 阿米巴内部交易产品及其定价方法汇总表

产品或服务	卖方	买方	定价方法	计算公式
材料	采购部	生产部	市场参照定价	材料市场平均价格
需加工物料	采购中心	加工部	成本推算定价	实际采购价
半成品	生产部 – 前加工车间	生产部 – 后加工车间	交易协商定价	协商设定
……				

医者在为人治病时，会遇到各种各样的病因，根据病因选择药方，是对病人负责的表现，只有对症下药才能使病人得以痊愈。在企业中，经营者只有按照科学的方法对企业内部交易进行定价，企业的发展才能够经久不衰，各个部门才能够做出更为科学的决策，员工才能够感受到公平公正，从而进一步提升员工的工作积极性。

⊙ 讲公平，精判断

医者在为病人开方拿药时，要从病因出发，不同的药物作用不同，价格也不同。面对病人要平等对待，审慎分析病情，准确判断病因，对症下药，让患者治病的同时又能够负担得起药费。在企业中，领导人要精准判断，充分了解各个部门的功能作用，从而做出价格决策。而阿米巴经营中，经营者决定各阿米巴之间的最终买卖价格，拥有价格决策权的经营者必须兼备有关劳动价值的社会常识且必须做出公平公正的判断与评价。

中医在给病人开方拿药时，应该为患者选择一个价格合理的药方。昂贵的医药费可能会让病人放弃治疗，这就需要医者开出一个既能达到治疗效果又能让病人付得起费的药方。于企业而言，各个部门只有公平公正的交易，才能使企业利益最大化。那么，阿米巴经营是如何实现各个阿米巴之间的公平呢?

首先，产品最终卖价向前推算决定各阿米巴的价格。在阿米巴经营中，最终卖价确定后，由最终卖价向前推算决定各个工序的价格。各阿米巴之间的卖价原则是：制造该产品的各道工序都能获得大体相同的“单位时间附加值”。

其次，有劳动价值观的经营者决定最终价格。某个部门因为卖价高，核算收益可观；与之相反，某个部门因为卖价低，不管怎么努力还是亏损。这时，阿米巴之间因为卖价不一样就可能会发生争吵。为了防止这种现象出现，产品的最终价格由经营者决定。

对最终卖价作出判断的经营者，需要充分了解并且认真思考各部门会产生哪些费用，会需要多少人力，与同类产品的市场价格相比有什么样的竞争优势，各部门之间存在什么样的问题，产品的技术难度有多大等，这都是一个做出最终价格判断的经营者要考虑的问题。

最后，各阿米巴实行费用分摊原则。在阿米巴经营中，无论我们在哪个部门，都可以按照“谁使用、谁受益、谁负责”这条原则进行费用分摊。在工作中，员工应该对工作有一个正确的态度，严格遵循这条原则，从而实现每一个阿米巴的公平。

医者应平等对待每一位病人，在判断出病因后，有针对性地选取药材，为病人开出价格合理的药方，让病人在经济上可以承受的情况下进行治疗。在企业管理中，只有让各个部门、每位员工感受到公平，才能激发其工作的积极性和创造性，企业才能够基业长青。阿米巴内部定价是阿米巴经营的“药方”，让各个阿米巴真正实现了公平公正的内部交易。

第七章
组方原则，阿米巴模式的能量

据《神农本草经》记载，上药为君，主养命；中药为臣，主养性；下药为佐使，主治病。中医“君臣佐使”之组方原则便由此而来。在这一原则中，每味药各有其效用，君药起主要治疗作用，臣药协助君药发挥疗效，佐药则用以抑制烈性药物的毒性，而使药可引导药物直达病所。用药合乎“君臣佐使”，可使整个中药处方达到相对平衡的状态。

以“君臣佐使”之原则来安排各味药的关系，可以促使药方发挥出最佳的治疗功效。同样，阿米巴经营亦要合乎“君臣佐使”之组方原则，以凝聚人心为“君药”，再配以量化分权之“臣药”和业绩评价之“使药”，三者相辅相成，可使阿米巴经营之力得到最大限度发挥。本章将通过中医组方原则之理来阐述阿米巴模式之能量。

阿米巴之君药：凝聚人心

“主病之谓君”，君药对主病起主要的治疗作用，是治疗主病的对症之药，其药力居方中之首。与之同理，在企业经营中最可靠、最重要的东西就是人心，如果人心涣散，企业将会衰败甚至破产。因此，凝聚人心为阿米巴经营之“君药”。

那么，如何使“君药”更好地发挥其疗效呢，也就是说，企业要如何将人心凝聚起来呢？稻盛和夫认为阿米巴经营可以达到凝聚人心的效果的关键就是哲学教育的推行。这是因为，哲学教育能够使全体员工享有共同的企业理念和价值观，从而将全体员工的心凝聚在一起。

⊙ 领导之思维转变

医者的医术水平和诊治方式直接决定了病人的命运；而高层领导的管理水平和思维方式则直接决定了该企业是否可以健康、快速地发展。因此，稻盛和夫认为首先要对高层领导进行哲学教育培训，转变他们的思维方式，这有助于整个企业的经营方式的改变。

高层领导的哲学教育培训，主要是通过高层经营哲学研讨会进行的。以京瓷为例，企业高层每隔半年便要汇聚一堂，参加为期 2 天的研讨会。研讨会的内容主要包括三个方面，一是以京瓷哲学 78 条为主线；二是以提高心性、经营和创新为核心；三是经营研究所决定内容、研讨计划各区自行决定。高层经营哲学研讨会的具体流程，如表 7–1 所示。

表 7–1　高层经营哲学研讨会流程表

计划	1. 提前半年明确研讨会主题
	2. 提前三个月明确发言名单
	3. 提前一个月会议通知
准备	1. 教育系提前一个月准备视频
	2. 发言人提前一个月准备发言内容
	3. 研讨会资料一周前完成准备
实施	1. 观看视频
	2. 指定人员发言
	3. 领导总结性发言
作业	1. 学习到的内容
	2. 实践案例
	3. 后续要提高
	4. 上司承认

中医在为病人诊治时讲究一定的方式方法。同样，高层经营哲学研讨会也有自己的方式，总的来说就是“看、讲、总、果”。

看，即看视频。通过观看纪录片或访谈视频，对稻盛和夫的人生智慧和经营哲学进行深入学习与分析，并对稻盛和夫的成功方程式进行深入的研究和解析，不断地更新自身的经营哲学体系。

讲，即发表感想。通过对阿米巴经营哲学的学习，对阿米巴经营事例进行分析，点明这些事例所体现出的精神，以及这些精神对企业发展的意义，并阐述以后自己要如何学习、如何做。

总，即提炼。这一方式是对经营哲学理念进行定向提炼和概括表达。提炼时的主要关注点就是在完整梳理每一项理念真实内涵的基础上，如何完成务实而精辟的语言表达。经营哲学理念提炼的一个重要原则和方法就是“领导亲力，小组参与，全员品鉴”，这既是提炼精准性的根本保证，又是经营哲学理念内培训和传播的开始。

果，即结论。高层领导需要对每次的哲学学习成果做出一个结论。

疾病的痊愈不仅仅依赖于药方，还依赖于医者对病人尽心的疏导。同样，高层经营哲学研讨会的教育方式也不是灌输式的，而是对高层领导有一定的启发作用，通过正确的引导，使高层领导的思维方式发生自发性的改变。

随着“君药”药效的强力渗透，高层领导的心态和思维方式发生了根本转变。为了制定出更加科学合理的决策，他们开始深入一线，去了解一线真实的经营状况。每一位领导也都开始将人放在第一位，致力于追求员工的幸福，真正做到以人为本的经营。

⊙ 员工之人心凝聚

患者只有相信医者的诊断水平，做到与医者同心，并全力配合治疗，才能使自己恢复健康。于企业而言，员工是促进企业发展的中坚力量，企业内部如果不能上下一心，那么这个企业就是一盘散沙，将很难取得长远发展。因此，只有对员工进行深入的哲学教育，大家同心同德，才能实现企业的经营目标。

员工的哲学教育培训，主要可通过晨读来进行。晨读计划每月底由部门领导制订，内容包括明确学习日期、学习内容、主导人员、指导教练等。具体的晨会流程，如表 7–2 所示。

表 7–2 晨会流程表

时间	内容	具体内容
8:25	早操	早会主持人、按照规定站队
8:30	公司早会	公布前天业绩、公司级事项联络、人事调动
8:35	部门早会	重要工作指示、重大事项跟进、批评与表扬
8:40	全员哲学	轮读、谈体会、反省、总结、跟进

晨读的教练由部门管理人员轮流担任，他们负责在晨会上带领全体员工读条款、谈体会。但需要注意的是，只是依靠内部教练来对员工进行哲学教育培训是远远不够的，必须最大限度地调动中高层管理者在经营哲学教育培训中的参与度，使他们切实担负起经营哲学传播者的使命。

与高层领导的哲学教育培训方式不同，员工在企业中的基数较为庞大，因此，在全体员工中开展哲学教育并不是一件简单的事，需要如中医诊断一般，有一套科学完整的过程，具体如下：

第一步是建立员工教育培训管理制度。

任何一件事项的事实，都需要以制度作为保障。员工教育培训也是如此，经营者需要建立员工哲学教育培训管理制度，并依据所制定的制度，明确员工培训工作的内容与重点，有针对性地推进员工哲学教育培训工作。

第二步是导入阿米巴经营哲学宣贯机制。

为确保先进的经营哲学理念在企业落地开花，并通过经营哲学彻底转变员工的意识，就需要建立经营哲学宣贯与落地的长效机制。经营哲学宣贯落地是经营哲学从“知”到“行”的关键环节，需要全体员工广泛参与，全面营造“经营哲学人人创”的学习氛围，使经营哲学真正地深入人心。

第三步是拟定员工哲学教育培训计划。

阿米巴经营哲学培训计划是实现经营哲学培训目的的具体途径和方法。员工经营哲学培训计划应包括培训目的、培训对象、培训内容、培训时间、培训地点、培训方法、培训费用等。另外，还需要编写一份高质量的年度经营哲学培训计划书，这样一来，就可以使年度经营哲学培训计划更加有效，有利于最终结果的顺利达成。

第四步是组织员工哲学教育培训。

培训工作的组织实施是全员哲学渗透的关键，员工经营哲学培训是一项系统工程，因此必须加强管理，形成系统全面的组织保证体系。为此，不但需要企业上下对经营哲学的内涵达成共识，还需要调用一定的人员和资源进行经营哲学培训的组织和实施工作，确保落地真实有效。

医者在诊治结束后，仍会关注患者的恢复情况，以评估自己的诊治是否有效，从而为下次诊断提供依据；而在对领导和员工进行哲学教育培训时，同样需要通过一系列的数据对培训的效果进行评价，以反馈信息、诊断问题、改进工作。尤其在经营哲学培训结束后，更要对培训成果进行跟踪评估，为下一次培训提供依据，以提升经营哲学培训工作的质量，从而真正地改变人心。因此，评估可作为控制培训的手段，贯穿于培训的始终。

“主病者，对症之要药也，故谓之君”，而凝聚人心即为治企的“对症之药”。人心并不是轻而易举就可以被凝聚的，但是，一旦人心凝聚，将是世上最坚不可摧的。通过推行哲学教育，领导和员工的思维方式和心态都发生了根本的改变，大家的心凝聚到了一起，为实现企业的经营目标而共同努力奋斗。

阿米巴之臣药：量化分权

“佐君之谓臣”，臣药就是指协助和加强君药疗效的药物。臣药的药力虽小于君药，但也是治病时不可或缺的辅助药，能够与君药一起构成适中的平衡状态；而量化分权亦为阿米巴经营之“臣药”，在改变人心的基础上进行量化分权，能够让企业员工获得更多的权利，实现全员参与的经营，提高企业的经济效益。

⊙ 量化分权，执行者变经营者

疾病的治愈需要依靠医者精湛的医术和病人的配合；而企业的发展则需要依靠领导科学的决策和全体员工的智慧。在企业里，最核心的资源就是员工。只有让员工成为经营者，拥有经营权，才能给企业创造更多的附加价值，带来更多的经济效益。

目前的现实是，很多企业的组织结构是金字塔式。在这样的组织结构中，什么都是领导做主，无论领导层开出什么样的“药方”，员工都照单全收，坚决执行，完全没有经营者的意识。如果高层不指示，员工往往就不知道自己该做什么、怎么做，以至于是否要将客户的资料装进袋子这样的小事，都需要询问一下领导的意见。高层领导也常常因此抱怨下属不会办事。

另外，在金字塔式的集权组织结构下，当处于塔底的工作一线需要资金时，员工必须一层层地向上报。一个指令的下达，往往需要花费很长时间，当申请批下来的时候，大家的工作积极性却早已消退。这种金字塔式的集权组织，不仅不利于企业工作效率的提升，甚至已经开始阻碍企业的发展。

与金字塔式的集权组织结构不同，阿米巴经营模式的本质则是通过量化分权，让企业员工获得更多的权利，掌握工作的主动权，从而最大限度地发挥每一位员工的才能，实现全员参与的经营。

医者对疾病的诊断是依据药理，由表及里，逐步进行的。阿米巴经营的量化分权，也是以经营的原理原则为指导，将企业分成若干个可以独立核算的“利润中心”，由粗放到精细，分层逐步推进的。量化分权对阶段性成果和最终利润结果负责，包括事先的周密计划、事中的高绩效管理以及定期的绩效考核考评等，是一种完整的授权模式。

量化分权不仅仅是一种经营模式，更是一种改革趋势。实施量化分权经营模式，能够通过内部交易直接向各个阿米巴经营单元传递市场压力，提高企业的竞争力；能够让员工清晰地了解企业的运营状态，使员工从执行者转化成经营者，实现员工的经营梦；能够彻底化解分权风险，释放员工的内在潜力，培养人才。

多元用药并不是让各味药分别发挥其药效，而是要求医者安排好各味药之间的关系，让其向着一处发力，从而治愈疾病。经营企业也是同样的道理，分权只是手段，集权才是最终目的。分是为了能看清楚企业的经营状态，以便更好地工作；集是为了统一，让大家有一个共同的奋斗目标、发展方向，当企业遇到重大问题时，同样需要依靠领导人的判断。

当“臣药”发挥其效力，“人人都是经营者”成为现实，员工就可以轻松地参与到企业决策之中，小到制定个人工作计划，大到制定企业战略计划，都因量化分权变得更加科学合理。

⊙ 会计报表，集数据之力

处方的疗效，取决于处方中各味药的配伍组合是否合理和有法度，这里说的法度就是制方规则；而量化分权也要依据一定的法度进行才能更加合理，才能更好地发挥“臣药之疗效”。

量化分权的法度就是经营会计报表。经营会计报表是一种基于业务改善的会计报表，包括日报表、周报表、月报表等，对企业内部的报告要求真实、准确、即时，并且要求制作出的经营会计报表要通俗易懂、简单明了，甚至连清洁卫生的阿姨都要能看懂，都能做报表和经营分析。根据经营会计报表的经营数据，员工能够真正地了解企业的经营情况。

用阿米巴经营会计报表进行量化分权，能够保证各个阿米巴之间顺利进行独立核算。以会计报表为基础，依照科学的数据，能够使员工清晰地看到自己每天的工作成果，并据此制定努力的方向，从而为实现“经费最小化，收益最大化”的经营目标贡献自己的力量。

用阿米巴经营会计报表进行量化分权，能够保证权利分配的科学性、合理性。当权力下放到每一位员工的身上，大家都必须重视经营核算数据，要对自己的工作内容有一个清晰的统计。只有这样，才能保证自己在行使权力时不是盲目的，而是有“法”可依的。

会计数据对于量化分权至关重要。稻盛和夫曾这样说过：“如果把经营比喻为驾驶飞机，会计数据就相当于驾驶舱仪表上的数字，仪表能够把时刻变化着的飞机的高度、速度、方向等正确及时地呈现出来，指导机长驾驶飞机。”同样，如果企业的领导者和员工都不懂经营会计，便无法计算出自己的能力，也无法科学地行使自己的权力，更无法促进企业发展。

科学的诊断是中医治病的前提；经营会计报表则是进行量化分权的前提。经营数据是一个人工作最直观的反映，通过会计报表，盈亏状态自然一目了然。面对变化越来越快的市场环境，数据就是金钱，员工只有及时准确地掌握企业的经营状况，合理地行使自己的权力，才能生产出迎合市场的产品，提高企业的经济效益。

⊙ 权力划分，既定性又定量

中医通过诊断，会开出一张由各种药材组成的处方，其中对每味草药的药性和用量也都进行了清楚的标注。与之类似，为了保证各个阿米巴长所行使权力的合理性，也必须对其进行明确的定性和定量。

量化分权是一层一层向下细分的，级别不同，每个阿米巴长掌握的权力也就不同。从大的角度来看，阿米巴长的权力可分为两种：一种是定性的事业部分权，一种是定量的权力。

定性的事业部分权，体现在字面上，是指用文字对相关事物进行描述。定性的权力一般指基本的定性决策权力，包括机构的升职权、干部的考核任免权、劳动用工权、专业技术人员聘用权、员工分配权、设备调度权和计划费用使用权等。

定量的权力，则体现在报表数据上，是指用数据对相关事物进行证实。定量的权力一般是指经营权力，阿米巴经营提倡的不是对权力的关注，而是对责任的承担。每一位员工所承担的责任决定了其经营权的大小，即从经营利润指标的责任大小来确定每一位员工的经营权力。定量的权力，简单来说，就是指经营报表里所显示的权力。一张报表中包含有销售额、变动费、固定费等。定量的权力主要体现在固定费用和变动费用这两个地方，如表 7–3 和表 7–4 所示。

表 7-3　阿米巴经营报表

项　　目		销售额
变动费	原材料费	
	配件费	
	水电费	
	变动利息	
边界利润		
固定费	人工费	
	设备设施费	
	其他固定费	
	固定利息	
费用合计		
经营利润		
投入人员数		
人・月劳动生产力		

表 7-4　阿米巴责权利量化表

项目	财务数据方面		其他方面		备注
权	变动费用 固定费用		人事权		
			财务权		
			奖惩权		
责	销售额 边界利润		公司层面		
			团队层面		
			客户层面		
利	边界利润 营业利润		物质利益		
			精神利益		
			……		

变动费用指的是与销售额成正比例增加的费用，包括原材料费、配件费、生产水电费等；固定费用指的是与销售额不成正比例增加的费用，如人工费、设备费和折旧费等。这个经营单元要用多少人，需要多大的工作场地，要用多少设备，阿米巴长对这些都具有决定权。

在中医诊疗中，每味草药的药性和用量都是互相配合，互相补充的；在阿米巴经营模式中，定性的权力和定量的权力也是相辅相成的。定性描述是定量描述的基本前提，没有定性的定量是一种盲目的、无价值的定量，而定量则可以使定性描述得到更加深入而确切的结论。

实施量化分权之后，这味“臣药”发挥出了很好的疗效，权力不再集中在几个高层管理者的手中，而是分给了不同的阿米巴长和员工，每个阿米巴经营单元都对企业未来的经营方向和目标有了决定权，真正实现了人人都是经营者的目标。

阿米巴之使药：业绩评价

方剂中的使药是指中药方剂中引导药物直达病所的一种引经药，同时也具有调和诸药的作用。使药的药力虽小，用量虽轻，但也是非常重要的一种辅助药。同样，阿米巴业绩评价，通过对阿米巴组织和员工的业绩进行考评，能够给企业经营和员工行为以正确的指引，故业绩评价为阿米巴经营之“使药”。

⊙ 遵原则，发“使药”之力

为了治愈疾病，医者需要先制定出一套患者认同的诊疗方案，如此才能得到病人的配合，从而发挥方药之疗效。企业经营也不例外，为了实现各阿米巴的经营目标，企业需要先设计整体认同的评价体系，然后比照评价标准，对企业的经营情况进行判断。

整体认同的业绩评价体系必须是科学的、正确的，这样才能准确反映企业的经营状况和员工的工作情况。因此，企业在进行业绩评价时需要遵循以下原则：

一是进步性。阿米巴业绩评价的内容要与企业文化和管理理念相一致，时刻保持评价内容的进步性。先进、明确的考评内容能够使企业的组织文化和管理理念更加具体化和形象化。通过业绩评价，能够使员工明确企业鼓励与反对之处，从而引导员工正确做事。

二是贡献度。阿米巴业绩评价主要是针对员工和团队对组织的贡献进行评估。具体来说，阿米巴业绩评价通过定量定性对比分析，对公司项目一段时期内的经营效益和经营者业绩做出客观、公正和准确的综合评判；再通过系统的方法、原理来评定和测量员工在职务上的工作行为、态度和工作成果。

三是公平性。阿米巴业绩评价应该科学地进行，使之客观、公平。当然，管理者应该尽量减少主观的感情色彩，根据明确的标准和考评资料对员工进行客观的考评。因此，评估内容要用科学方法设计的一些指标来反映。在指标的设计过程中，同样要遵循客观原则，避免主观因素，尽可能地量化评估指标，使其内容准确、具体。

遵循原则进行阿米巴业绩评价，能够保证业绩评价的科学性和正确性，从而使其更好地发挥“使药”之力，引导企业发展，帮助员工经营。具体来说，业绩评价的作用主要体现在战略决策、资源配置、监督和反馈等方面。

首先，业绩评价能够支持企业的战略决策。

每个企业都有各自的战略，不同的战略决定了不同的决策范围。所以，管理人员要在阿米巴的战略之内进行决策。这样一来，在既定的战略下，管理人员就可以用业绩评价结果来确定两个问题：一是该战略是否适合该企业的发展；二是员工是否正在高效率地完成这一战略。

其次，业绩评价可以实现资源配置。

作为一个信号，业绩评价向员工传达了一类信息，如哪些环节是最重要的，哪些环节是最值得注意的。当管理人员用业绩指标来指引员工工作时，如果能使员工、管理人员和其他利益相关者之间的目标相一致，管理人员就能实现有效的资源配置。

再次，业绩评价可以实现对经营的监督。

每个阿米巴组织都有不同的业务流程，而对于一些业务运行不好的系统，就需要用业绩指标对其进行经营监督。

最后，业绩评价可以反馈员工的工作表现。

业绩评价是对员工过去的工作行为表现的一种计量与反馈，并成为公司对员工加薪晋级的参考依据。在员工看来，业绩评价的得分越高，评价就越高，晋级加薪的可能性也就越大。

作为一种“引经药”，阿米巴业绩评价是一种专业性的技术判断，是企业经营和员工行为的基本导向。通过阿米巴业绩评价，企业能够发现人才，各阿米巴组织能够了解自己的经营状况，并找出解决问题的方法，从而提高经营业绩。

⊙ 组织之业绩评价

“使药”不仅对个人有疗效，对企业组织同样能够起到调和作用。管理者将业绩评价之“使药”加入组织管理的“方剂”之中，能够帮助阿米巴组织更好的经营。

阿米巴组织业绩评价就是指以企业管理者与员工之间管理沟通为目的的一项评价活动。阿米巴组织业绩评价表（以销售部为例），如表 7–5 所示。

表 7-5　阿米巴组织业绩评价表

<table>
<tr><th rowspan="2">编号</th><th rowspan="2">评价项目</th><th rowspan="2">指标定义/计算</th><th rowspan="2">评价目的</th><th rowspan="2">考核周期</th><th colspan="2">目标</th><th colspan="2">实际</th><th colspan="2">目标达成度（%）</th><th rowspan="2">难易度</th><th rowspan="2">方针遵守度</th><th rowspan="2">评价值</th></tr>
<tr><th>当期</th><th>累计</th><th>当期</th><th>累计</th><th>当期</th><th>累计</th></tr>
<tr><td>1</td><td>销售额</td><td></td><td>评价市场成长性</td><td></td><td></td><td></td><td></td><td></td><td></td><td></td><td></td><td>15%</td><td></td></tr>
<tr><td>2</td><td>边界利益率</td><td></td><td>评价商品力、市场较差竞争力</td><td></td><td></td><td></td><td></td><td></td><td></td><td></td><td></td><td>25%</td><td></td></tr>
<tr><td>3</td><td>经营利益额</td><td></td><td>评价对企业的整体贡献度</td><td></td><td></td><td></td><td></td><td></td><td></td><td></td><td></td><td>30%</td><td></td></tr>
<tr><td>4</td><td>人*月劳动生产效率</td><td></td><td>评价人员效率</td><td></td><td></td><td></td><td></td><td></td><td></td><td></td><td></td><td>20%</td><td></td></tr>
<tr><td>5</td><td>应收账款利息</td><td></td><td>评价应收账款效率</td><td></td><td></td><td></td><td></td><td></td><td></td><td></td><td></td><td>10%</td><td></td></tr>
<tr><td colspan="2">考核期间</td><td colspan="2">考评人确认：
日期：</td><td colspan="3">特殊环境要因 ± 分值</td><td colspan="3"></td><td colspan="2">总评分</td><td></td><td></td></tr>
<tr><td colspan="2">______年度__月份至__月份</td><td colspan="2">被考评人确认：
日期：</td><td colspan="6">原因简述</td><td colspan="2">综评</td><td></td><td></td></tr>
</table>

“使药”分量虽轻，但如果使用不当，也会影响病人的恢复。同样，组织业绩评价的结果也足以直接影响到员工薪酬调整、奖金发放以及职务升降等诸多切身利益。因此，阿米巴的组织业绩评价要根据组织业绩评价表严格按照操作步骤进行。

第一步是确定考评指标。指标数量有3~7个，组织越小、业务越单纯，指标数量越少，反之越多。其中，销售额、边界利润和经营利润额三个指标是必选项。

第二步是完成指标定义与评价目的。指标定义可参考“会计原则”进行定义。指标评价的目的，即选取该指标的意义，也就是说该指标能反映经营工作中的什么问题。

第三步是明确考核周期。最低要求是以月为单位。

第四步是填写目标与实绩数据。目标，即按照预算或目标规划中的数字来填写。实绩，则按照实绩完成情况填写。而当期则是用来统计与考核周期相一致的数据。

第五步是计算目标达成度。目标达成度，即实际与目标之间的比率。当期目标达成度 = 当期实际 / 当期目标 ×100%；累计目标达成度 = 累计实际 / 累计目标 ×100%。

第六步是根据难易度进行单项评分。难易度，即实现当期目标达成度的困难度，可以从市场成熟度、市场容量、竞争情况、公司投入资源、客户分布情况等角度进行比较，分优、良、中、可、差五个档次，达成目标的100%及其以上为优秀，完成目标的90%–100%为良，以此类推。

第七步是评价方针遵守度。方针遵守度，是指某项指标的完成对阿米巴同期整体目标完成的贡献度，可以理解为权重，即某项指标所占的权重。方针遵守度可根据公司战略和事业阶段进行选择。如成长重视型，即阿米巴组织同期的目标体系中，成长指标权重高于利润指标。而利益重视型则是指阿米巴组织同期目标体系中，利润指标权重高于成长指标。

第八步是完成总评分。先对照评分表，对单项进行打分，然后再计算总得分。单项得分 = 评级 × 方针遵守度；总得分 = 各单项指标得分之和。

第九步是完成综评。综评即定性评价，是对阿米巴组织在一定期限内经营状况的整体评价和综合评判。

组方配伍之原则，能够确保诊治过程科学无误。同样，严格按照操作步骤进行组织业绩评价，亦能保证组织业绩评价的科学性和正确性，从而发挥其最佳“疗效”。

⊙ 个人之业绩评价

每一味药材都有疗效，但要使其药效得到最佳发挥，就需要医者按照一定的组方原则将其与其他药材进行有机组合，共同归入一个方剂之中。与之类似，阿米巴经营就摒弃了个人主义，非常重视集体力量的发挥。

个人业绩评价同样如此，个人的成就离不开组织的培养，脱离组织业绩评价而直接进入个人业绩评价，最后只会导致急功近利的成果主义。因此，个人评价是基于组织评价的，即先进行组织评价，再进行个人评价，评价的必须是组织中的人。基于组织评价的个人业绩评价操作步骤如下：

第一步是完成组织的评价。参见组织业绩评价步骤。

第二步是定义组织中个人评价的分布数量，即优、良、中、可、差的人数在本组织内的分布数量，不针对具体个人。

第三步是在组织内对个人进行业绩评价排名。

第四步是对照阿米巴个人业绩评价表，对个人进行评价，具体个人姓名要与总体评价等级相对应，如表 7–6 所示。

根据个人业绩考核的结果，员工能够明确自己对公司的贡献以及自身的不足，从而积极地参与到公司的培训计划中，得到实实在在的成长。

表 7-6　阿米巴个人业绩评价表

序号	姓名	组织内业绩名次	评价等级	说明
			优	
			良	
			中	
			可	
			差	

在阿米巴经营体系中，首先要建立组织评价体系，经过多方面的咨询和了解后，企业需要根据自身的特点，确定并建立能够获得整体认同的组织评价系统。在此基础之上，企业要着手构建基于组织评价的员工个人业绩评价，激活员工的经营意识，把员工的个人收益与公司的整体利益联系起来，让公司上下都能够成为利益共同体。

“使药”的药力虽小，但企业根据中医辨证施治的原理，正确地使用“使药”，确立整体认同的业绩评价系统，能够对组织业绩和员工个人业绩进行全面考评，能够让“使药”的药效发挥到极致，从而引导员工改进工作方式，指导企业经营阿米巴。

第八章
配伍用药，阿米巴内经的合力

中医配伍用药之规律，早在《神农本草经》中就有记载。因而历代医者在配伍用药时皆通晓此理：集药物个性之专长，合群用药；据四时气候之特点，因时用药。

用药合乎规律，可成治病之良方，达举一反三之奇效。企业经营亦是如此，经营者若通晓“药理”，掌握“用药”规律，亦能将员工执行力、领导决策力、团队复制力合而用之，发挥阿米巴之合力，助力企业经营。本章将通过中医配伍用药之理，来阐释阿米巴内经之力。

合群用药，阿米巴之员工执行力

药物的效用各有所长，通过合理配伍，能够使各具特性的药物相辅相成，发挥综合作用，即所谓的“药有个性之专长，方有合群之妙用”。于企业经营而言，增强每一位员工的执行力，并将其合而用之，亦能发挥其“合药”之力，助企业长久经营。

所谓执行力，指的是贯彻企业战略意图、完成预定目标的意愿和能力，是将企业规划转化为经济效益的关键。因此，企业对员工执行力的培养，需要从思维和能力两方面进行。

⊙ 思维：执行力之源

中医思维是中医一切行医活动的产生之源，能够指导中医的诊断实践。同样，思维也是员工执行力的产生之源，能够指导员工的自主经营管理。

思维是指人脑对客观事物的间接反应过程，包含所有的认知或智力活动，并有正向和负向之分。正向思维，简单地说就是凡事都往好的方面想。

在正向思维方式的引领下，员工必然处在一个幸福快乐的正能量场里，因此就会对自己的工作充满信心，执行力自然也会随之提升。

正向思维才能产生正能量。阿米巴经营就倡导人一定要有正向思维，并通过树立原则、内部激励、有效沟通三个方面来培养员工的正向思维，增强员工的执行力。

首先，通过树立正确原则来指导员工经营。

什么是正确的经营原则？阿米巴经营倡导“经营工作的原则以单纯为好”的经营理念。在实际工作中，复杂就像一块“遮羞布”，以此为借口，逃避责任的员工不在少数。对于员工的这种“复杂心理”行为，阿米巴经营倡导的单纯原则，其实就是让员工对诸事都保持一种平常心，仰望星空的同时更要脚踏实地，专注于自己的工作。

化繁为简的经营原则是增强员工执行力的“良方”。在企业经营中，员工常常把一件工作看得过于复杂，因而也就不敢轻易地付诸行动，但其实事情本身是单纯的，即使表面看上去复杂的事情，也是由许多个简单的因素组成的。因此，员工只有不偏离单纯的原则，才能具备更强的执行力，从而实现企业的经营目标。

其次，通过制定内部激励机制来引导员工行为。

阿米巴经营通过建立一套完备的绩效管理体系，能够使员工依据考核结果进行自我“诊断”，并以此来引导自己的行为，形成自己的思维方式，促使自己积极思考，积极行动，向有益于实现企业战略目标的方向努力。

另外，阿米巴经营通过建立一套公平、公正的价值分配体系，能够使员工得到应有的报酬，进而促使他们热情高涨地面对工作中的一切，积极贡献，为自己的工作尽心尽力。如果价值分配失衡，必然导致员工心理失衡，影响员工工作的积极性。

最后，通过进行有效沟通来建立上下级之间的信任关系。

各味药材之间如果互相排斥，就不能达到“药到病除”之效，医者只有进行合理的配伍，使彼此之间相互协调，才能使其发挥疗效。而阿米巴经营通过有效沟通，能够建立起经营者和员工之间的信任关系，保证上下级之间的协调。

上下级之间只有充分的信任彼此，领导的态度、想法和决策才能及时准确地传递给员工，同时员工才能清楚地了解企业的经营战略、经营目标，以及企业目前所处的发展阶段，从而提高自己参与企业发展的热情，增强执行力，保证高效率、高质量地完成自己所负责的工作。

思维是执行力产生之源。正向思维能够指导医者行医，也能够指导员工经营。员工拥有积极正向的思维和充分的自信心，能够将实现经营目标的意愿转变为实际行动，从而促进企业和个人的共同发展。

⊙ 能力：执行力之基

中医思维对于中医的诊断实践固然重要，但医者的诊治水平却直接影响着疾病能否被治愈，也就是说，医者只有具备极高的诊治能力，才能切实地帮助患者摆脱疾病的困扰。与之类似，企业要想获得长远发展，就需要先提高员工的执行力，而员工执行力的提高不仅仅依赖于正向思维的激励作用，更需要以硬实力作为支撑。

员工的硬实力是指能够贯彻企业战略目标，完成预定计划的一种操作能力，主要包括自主决策能力、自我评估能力和组织计划能力。当员工的各项能力得到提升，执行力自然也会随之增强。

首先，通过权力下放提升员工的自主经营能力。

现代企业盈利的关键是让员工放手去干，真正摆脱管理者的束缚。阿米巴经营将企业分成若干阿米巴小组，每个阿米巴小组都自主经营、独立核算。管理者将权力下放，能够促使员工进行自主决策，增强员工的执行力，从而真正实现员工的自主经营管理。

阿米巴经营的目的是实现全员参与的经营。只有人人成为经营者，每位员工都拥有经营意识，具备自主经营能力，员工才能更好地执行经营决策，企业才能实现健康快速的发展。

其次，通过建立评估体系提升员工的自我评估能力。

当员工的执行力减弱时，企业就需要建立科学的评估体系，帮助员工对自己现阶段的个人能力进行评估。只有这样每位员工才能找到突破点，从而提升自己的执行力，使自己的能力得到有效的发挥。

员工在进行自我评估时，有两点要求：一要评估个人能力与组织要求是否匹配。员工在自主经营时，一定要明确自己的岗位胜任力，若自己的能力与企业发展的要求互相冲突，必然会造成执行力的减退。二要通过自我剖析和诊断，进行自我改进。员工通过自我评估，明确自己的工作状况，发现自身不足，并及时采取有效措施进行自我改进。同时也要根据评估结果，挖掘自身优势，从而通过发挥特长来增强自己的执行力。

最后，通过辅导培训提升员工的组织计划能力。

“凡事预则立，不预则废”，中医在进行诊治之前，都会做好万全的准备，制定出医治计划和方案，只有这样才能保证诊治过程的顺利。同样，员工在进行工作之前，也需要具备自主经营计划能力，通过科学合理的计划来使自己的执行力得到增强。

需要注意的是，提高员工制定经营计划的能力不能仅仅依赖于员工自己，更需要公司组织一些辅导培训活动。只有在专业的指导下，员工才能制定出更加科学合理的计划，从而才能以此为指导，增强自己的执行力，实现自主经营。

思维和能力是执行力的根基，而执行力是企业持续经营、良好发展的保障，可以说企业经营水平的高低就在于员工执行力的高低。因此，企业必须注重培养员工的正向思维，提升员工的各项工作能力，从而促使员工积极地面对自己的工作，尽心尽力地经营自己的阿米巴。

员工执行力的高低在一定程度上决定着企业的发展。一个企业如果没有执行力强的员工，那么企业的战略规划将无法落地开花，企业自然也就无法收获可观的利润，更无法享受成功的喜悦。

“合群用药”对于医者治病和管理者治企都有着积极的影响。无论做什么事，单枪匹马总是没有力量的，合群永远是成功的重要前提。阿米巴经营倡导人人都是经营者，这有助于发挥员工的合力。当每位员工的执行力都得到了最大限度发挥，企业就能经久不衰。

因时用药，阿米巴之领导决策力

气候发生变化，人体的病理结构也会随之变化。若根据四季变化来选择合适的用药时机，那么即使以最小的剂量来治疗疾病也能达到最佳疗效。中医“因时用药”之妙就在于此。同样之理，在企业经营中，市场环境时刻都在发生变化，领导者若能具备强大的决策力，审时度势，把握良机，就能快速准确地做出经营决策，帮助企业正常运营。

⊙ 培养能力，助力决策

医者的医术水平可以通过诊断能力和组方能力来体现，善于运用多种诊断方法和组方法则的医者必然是一个医术精湛的“大医”。同样，领导的决策水平也是通过多种能力来体现的，自身能力较强的领导必然是一个拥有强大决策力的领导。

领导决策力，指的是管理者对各种事项做出准确决断的能力。决策是管理的核心，领导者要想做出正确的经营决策，就必须具备各种能力，增强决策水平。具体来说，阿米巴领导者的决策水平主要通过以下五种能力来体现：

一是精确的预测能力。

预测是决策的前提和基础。通过精确预测，领导者可以得到准确的数据和信息，并以此为基础对各种决策方案进行分析，准确地评估出每个方案的实施效果，从而选择出适合本企业发展的最优方案。因此，领导者要想保证决策方向的正确性，就要先具备精确的预测能力。

二是准确的决断能力。

决断力，即领导者在关键时刻能够当机立断做出决定的能力。当面对较为复杂或比较紧急的事情时，领导者要如医者治病一般，善于把握“病机”，敢于决断，以免错失“治病”良机。决断力是一种理性的判断能力，以专业知识作为支撑，因此领导者提高决断力的一个重要方法就是不断地更新、扩充自己的专业知识。

三是敏锐的洞察能力。

敏锐的洞察能力，指的是一种能够快速准确地抓住问题的关键和要害的能力。洞察力强的领导能够意识到别人没有意识到的问题，能够透过现象看到问题的本质，还能够观察到各个事物之间的联系和变化，从而把握决策的方向。

四是开放的提炼能力。

开放，即领导者要以开放的心态广泛听取员工的意见；提炼，即领导者要从众多的意见中提炼出合理的建议。善于吸纳员工的意见也是提高领导决策力的重要方法。一人之力毕竟是有限的，广纳言论、民主决策才是领导作出科学决策的重要前提。

五是灵活的应变能力。

灵活的应变能力是一种针对各种突发状况，能够快速做出处理的能力。应变能力也是领导决策力的一个重要体现。正如医者在治病时会遇到突发状况一样，经营者在进行决策时，也会遇到很多意料之外的状况，只有具备一定的应变能力，才能够适时地调整“药方”，以适应新情况。

医者的诊治水平关乎病人的命运；而领导的决策则与企业的命运息息相关。当领导者做出了错误的决策，企业利益就会受损。同时，决策力是领导者的核心能力，领导者的作用往往就是通过决策水平反映的。因此，领导者在经营企业时，要努力培养自身的各种能力，提高自己的决策水平，以保证企业的正常运营。

⊙ 遵循程序，科学决策

医者的医术水平不仅仅取决于医者自身的诊治能力，还取决于治疗的程序是否科学。同样，领导者的决策水平，也不仅仅取决于领导者自身能力的高低，关键还在于决策程序是否科学。

在阿米巴经营模式下，各级领导者都具备极高的科学决策能力，原因就在于系统化、科学化的决策程序帮助阿米巴领导者摆脱了决策困扰，提高了决策质量。阿米巴的科学决策程序主要有以下七步：

第一步是发现问题。

发现疾病是医者诊断的起点，发现问题则是领导决策的起点。做决策时，阿米巴领导要先进行前期调查，然后将搜集到的信息进行整合，从而发现问题，并分析出问题产生的原因。决策就是为了解决问题的，如果没有明确问题是什么，那么领导也就很难做出正确的决策。因此，领导在做决策前，必须抓住问题的本质，以确保决策方向是正确的。

第二步是设定目标。

明确“病症”以后，就需要设定一个“诊治”目标，即通过治疗可以达到什么样的效果。阿米巴领导要先召集相关员工组成一个决策小组，然后将搜集到的信息在小组间进行分析与讨论，最后针对问题设定出一个明确的目标。

需要注意的是，确立的目标必须具有四个特性：一是一致性，即目标必须是大家都认可的。二是定量性，也就是说目标的达成度是可以计量的。三是明确性，即目标必须是具体的，时间、责任人、达成效果等都必须是明确的。四是主次分明，当决策目标有多个的时候，经营者要能够分清主次，权衡轻重。

第三步是拟订方案。

在这一阶段，经营者必须鼓励小组成员，充分发挥决策小组的团队力量，尽可能地列出多种可行“处方”，以供比较和选择。并且每种方案都要有自己的特点，差异不仅仅要体现在细节上，更要体现在原则上。总之，决策者要尽可能地运用创造性思维，提出创造性的见解。

第四步是分析评估。

拟订出多种可行方案之后，就要对多种方案进行分析与评估，从中选择出一个有利于目标实现的最优方案。对方案的分析和评估可以从定性和定量两个方面来考虑。定性分析主要是指在做一些错综复杂、综合性较强的战略决策时，决策者根据自己以往的决策经验和掌握的现有信息，对方案做出的评价。但是定性分析带有极强的主观性，因此有些决策的制定还需要结合逻辑缜密的定量分析来进行。

第五步是选定方案。

在对方案进行分析评估，明确优缺点后，就需要决策者选定一个最佳方案。每种方案往往都有其优劣，因此就需要决策者运用因果关系法，明确各个方案与目标之间的因果关系，淘汰那些因果关系较弱的方案，然后将剩余方案的优点进行综合，从而得出一个最佳方案。

第六步是决策实施。

制定决策就是为了实现既定目标，因此在选定出最佳方案后，就要进入决策实施阶段。在实施决策方案时需要注意，即便是再好的“药方”，都需要先在局部进行试验，当确保方案是切实可行的，并且能够产生一定的“治愈”效果后，再在公司内部进行大范围实施。

此外，在决策实施之前，经营者还要明确四点要求：一是要制定具体的决策实施计划；二是要动员员工力量，充分调动员工的积极性和创造性；三是要建立明确的责任机制；四是要建立严格的监督机制。只有这样，才能保证决策实施的效果。

第七步是决策反馈。

疾病是不断变化发展的，因此在诊治结束后，医者还会关注病人的反馈，以判断药方是否产生了良好的治疗效果。同样，在决策实施过程中，企业的内外部环境也是时刻变化的。因此，经营者必须要求员工定期向自己汇报决策执行情况，并通过员工的反馈信息来判断决策实施的效果。如果决策方案已经脱离实际，无法使决策目标达成，决策者就必须对该选定方案进行修正，然后重新实施。

另外，决策是人做的，因此不可避免地会出现一些失误。这就要求决策者必须深入一线进行观察，一旦发现错误就马上进行修正。通过对决策进行不断调整，就可以提高决策者的决策水平，保证决策的科学性和正确性。

中医治愈疾病，依赖的并非灵丹妙药，而是做到了“因时用药”。医者能够根据春温、夏热、秋凉、冬寒这些不同季节的气候特点来调整药方，从而使治疗效果增强，治愈疾病。于企业经营而言，把握“用药”时机同样重要。领导者只有提升自身能力，依照科学程序进行决策，才能提高自己的决策水平，避免错失良机和决策失误。

举一反三，阿米巴之团队复制力

一个事物若要达到引申触类，举一反三之效，前提是这一事物一定要是标准化的，如此才具有可复制性。如医者根据组方原则将多味药材进行合理配伍，方成治病之良方，此“良方”便有举一反三之效。而阿米巴经营模式作为一种完备的科学管理模式，同样具有极强的可复制性。具体来说，阿米巴团队复制力主要体现在人才的可复制性和循环管理系统的可复制性两个方面。

⊙ 营造环境，复制经营人才

优良的环境不仅能够帮助医者进行准确的诊断，更有利于患者的康复。同样，人才培养也需要在良好的环境中进行，只有优良的环境才能复制出大批优秀的经营人才，才能为企业的发展提供源源不断的动力。因此，企业获得长远发展的关键就是营造优良的人才复制环境。

所谓人才复制环境，就是指企业培养人才所必需的条件。阿米巴组织之所以能够实现人人都是经营者的目标，拥有大批的经营人才，关键就是打造出了科学的人才培养体系，为企业营造出了良好的人才培养环境。阿米巴组织营造人才培养环境的具体要求如下：

第一，树立正确的人才培养理念。

人才是促进企业发展之“君药”。阿米巴组织借哲学之力，让理念先行，在企业内部树立起正确的人才培养理念，即企业要重视人才、爱护人才、合理开发人才。只有树立正确的人才培养理念，企业才有可能升级成一个复制力极强的优良团队。

第二，制定明确的人才培养考核标准。

人才培养标准可以从员工的道德、专业知识以及处理问题的能力等方面进行考量。要想营造出良好的人才培养环境，前提是必须具备明确的人才衡量标准。只有目标明确，人才培养工作才有正确的方向。

第三，建立人才培养流程和制度。

“望、闻、问、切”作为中医诊断的标准流程，能够保证诊断的全面和正确。而标准化的人才培养流程则是批量复制人才的保证，包括教材的编订、专业知识的培训、课程的具体安排等。另外，阿米巴组织的领导是人才培养工作的第一负责人，不仅要负责召集各个阿米巴长共同制定人才培养流程和制度，还要言传身教，亲自带头对员工进行培训。

第四，挑选出具备特定潜质的员工。

除了一些基层岗位需要人才，企业的高级岗位更需要一批高级管理者，而普通的员工往往无法培养成企业的高级管理人才。因此，阿米巴组织就必须在对人才进行培养之前，先对公司员工做一个评估，然后根据评估结果找出具备特定潜质的人进行重点培养。

第五，建立团队激励机制。

阿米巴组织的激励措施主要有三种：一是目标激励。阿米巴组织通过推行目标责任制，使每个员工都按照既有目标去努力完成任务，同时提升自己。二是尊重激励。阿米巴领导人要尊重员工的人格和想法，对于其创造的价值要加以肯定。三是荣誉激励。阿米巴组织要对员工的积极工作态度和贡献予以荣誉奖励，如会议表彰、发放荣誉证书、评选标兵等。

科学的激励机制能够提高员工工作的积极性。物质奖励与精神奖励相结合，能够真正调动起员工的工作热情，促使他们更加积极地完成工作目标，使自己的能力得到真正的提升，从而使人才培养的成果得到巩固。

为患者营造良好的康复环境是医者的职责；而为企业营造良好的人才培养环境是经营者的职责。人才的可复制性是团队复制力的重要体现。通过建立科学的企业人才培养机制，营造良好的人才复制环境，能够增强阿米巴的团队复制力，促进企业的可持续发展。

⊙ 建立模型，复制管理系统

中医之所以流传千年，经久不衰，原因就在于拥有一套完整的理论系统作为支撑，如阴阳五行、奇经八脉、六经辨证等。同样，团队复制力高低的一个重要评判标准就是企业是否具有一套科学的管理系统。只有建立了科学的管理系统，企业才能进行标准化运营，从而避免在经营过程中出现大的差错。

阿米巴组织之所以具有极强的团队复制力，不仅仅体现在人才的可复制性上，关键是建立了科学的 PDCA 循环管理系统。PDCA 又名戴明环，是企业实现全面管理的模型，具有极强的可复制性，其主要包括四个环节，即计划（Plan）、执行（Do）、检查（Check），处理（Action）。通过此循环系统，企业能够如中医诊断一般，循序渐进地分析现状、发现问题、找出原因、解决问题，进而实现企业的发展。

一是计划（Plan）阶段。

这一阶段就是对企业现阶段的情况进行分析，找出问题所在，并分析原因，制定出解决方案或计划的过程。其中包括“5W2H”，即 Why（为什么要制定该方案或计划）、What（是什么样的计划）、Where（计划将在哪里展开实施）、Who（由谁来执行该计划）、When（该计划完成的时间节点）、How（如何完成计划）、How much（要花多少钱）。

二是执行（Do）阶段。

确定治疗方案后，就要开始进行治疗。这一阶段就属于实施阶段，即将方案或计划里面的内容落到实处。在项目执行完毕时，还要对该项目进行全面分析。最后，再将这些工作交由相关人员进行评审。所以在文字收集、文字记录、数据存档等文字工作方面要对每个员工有所要求。员工作为执行计划的主体，其行为、态度直接影响着整个计划的结果。因此，在执行的过程中，员工必须要有严谨的态度，精益求精，将每个细节尽可能做到完美。

三是检查（Check）阶段。

治疗结束后，医者还要根据病人身体的反应，检查治疗方案是否产生效果。这一阶段就属于明确结果、分析差距的阶段，即计划实施完毕后，要对所呈现的结果进行分析，确定计划目标是否完成，并将所得出的结论运用经营会计、单位时间核算表与预期的目标进行比较，找出差距、找出实施过程中出现的问题。

四是处理（Action）阶段。

这一阶段属于问题矫正的阶段，即根据“销售最大化、费用最小化”的原则，对“诊断”出的问题予以改正。将实施成功、有效的内容模式化、标准化，作为以后工作的参考。而对于一些没有解决的问题，则放到下一个 PDCA 循环中，进行下一个循环的管理，直至达到企业的预计目标。

若治疗方案能够产生治疗效果，使病人恢复健康，那么这治病的“良方”将会成为医者日后诊治的依据。通过不断地使用与微调，药方将越来越精准，医者的医术水平也越来越高。同样，PDCA 每循环一次都会呈现螺旋式上升，每一轮 PDCA 循环结束，就意味着企业解决了一些问题，企业的经营水平提高了，团队复制力也提高了。通过 PDCA 无限循环改善，企业就能升级成一个超群的企业。

治病良方皆有举一反三之奇效，原因在于医家皆通晓药性，因而能用之得当、配伍得当。同样，阿米巴组织都具有极强的团队复制力，原因就在于其制定了标准化的人才培养流程和科学的循环管理系统，因而能够“举一反三”，不断地增强自身的竞争力。

第九章
“中”“西”，经营上的差异

文化土壤不同，培育出的管理模式必然也会有所差异。在西方法制化、工业化社会，企业建构的是一种制度化、标准化的科学管理模式。而在崇尚道德教化作用的中国，形成的则是一种以人为本的文化管理模式。

中华文化作为东方文化的核心，一直以来都对东方企业管理产生着积极的影响。但是随着时代的发展，单一管理模式开始显现其局限性，因而为了谋求更好的发展，东方企业管理者开始寻求一种更符合时代发展趋势的“中体西用”式的管理模式。本章将通过分析“中”“西”企业经营上的差异，来探讨东方企业的生存之道。

科学管理与阿米巴经营

在工业社会初期，人们的收入水平低下，基本需求也比较单一，企业采用标准化的生产模式，能够进行大规模的批量生产，提高生产效率，增加利润，因而适应机器大生产需要的科学管理模式便应运而生了。随着时代的变迁，稻盛和夫在科学管理的基础上，创建了更适合东方企业的阿米巴经营模式，这种模式汲取了科学管理的精华，摒弃了其糟粕，是一种创新的文化管理模式。

⊙ 时代变迁，科学管理不再“科学”

科学管理由美国的管理学家弗雷德里克·温斯洛·泰勒始创，是泰勒针对传统的经验管理所提出的，重点是提高劳动生产率。泰勒科学管理的主要内容包括以下几个方面：

一是挑选一流的工人。一流的工人是指那些适合该项作业而又努力工作的人。泰勒认为对于一项工作，只有适合做的人才能拥有极大的热情。因此，想要提高劳动生产率，首先就要先挑选和培训一些合适的工人。

二是实行工作定额制。在旧的管理体制下，管理者对工人日工作量的规定是凭经验来确定的，缺乏科学依据。而泰勒的科学管理则是选择合适而熟练的工人，通过对他们进行分析，以此来确定一个“合理的日工作量”。

三是实行激励性的工资制度。它分为三部分：一是确立工资标准；二是实行差别计件工资制，即按照工人是否完成定额而采用不同的工资；三是及时发放酬金，以充分调动工人的生产积极性。

四是实行例外原则。泰勒认为，企业的高层管理者将日常事务的决定权授权给下级，而自己只保留对超常规的例外事项、重要事项的决策权，能够摆脱日常事务的干扰，使自己有充分的时间考虑大政方针政策，提高决策的科学性。

五是实行职能工长制。这是根据工人的具体操作过程，进一步对分工进行细化而形成的。泰勒主张设立八名工长来取代旧式的单个工长，使每一个工长只承担一种管理职能，以便教导和监督工人更好地完成工作。

尽管科学管理的内容较为全面，对当时西方经济的发展也具有一定的积极作用，但是在当今社会，随着收入水平的提高和生产技术的进步，人们的需求开始变得日益多样化和个性化，显然倡导企业越大越好、产品越多越好、管理越标准越好的科学管理模式已无法适应当今社会发展的需要。具体来说，科学管理的局限性主要体现在以下几个方面：

首先，泰勒对工人的看法是错误的。他认为工人最关心自己收入水平的高低，即坚持“经济人”的假设，忽略了人的社会属性。他还认为工人只有单独进行劳动才能努力干，而集体的鼓励往往是没有作用的。实际上，工人关注的不仅仅是收入，尤其在当今社会，人们在满足自身生理需求的前提下，更注重的是如何去享受生活。

其次，“泰勒制”只是对个别工作的作业效率问题有效，并不能从整体上解决企业的经营管理问题。同时，泰勒也没有从根本上理解雇主与工人之间的剥削与被剥削的关系。泰勒认为科学管理能够提高生产效率，而效率问题可以解决工人和资本家之间的矛盾。但他没有认识到，尽管生产效率提高，谋求最大价值的资本家也不可能让工人公平地得到应得的利益。

再次，科学管理重视的是制度建设，而不是重视人。尽管它强调了人与岗位的匹配度，但是并没有从根本上重视人。泰勒认为只要对工人进行培训，使其能够使用标准化的生产工具，进行标准化的操作，就能达到最高效率。而实际上，工人每天都重复做同样的工作，长期保持同样的动作，会降低其工作积极性。

最后，泰勒认为职能工长制有许多优点，但后来的实践证明，这种多头领导的“职能型”组织结构容易造成管理混乱。因此，泰勒的这一设想虽然对以后职能部门的建立和管理职能的专业化产生了一定的影响，但并未真正地实施过。

总之，随着社会的发展，科学管理的“科学性”已经大大降低。在人本思想凸显的今天，重视人本管理与文化管理的阿米巴经营模式则更具有科学性。

⊙ 人文时代，文化管理魅力尽显

传统的经验管理依赖于工人的体力和时间；泰勒的科学管理依赖于标准化的制度；而稻盛和夫的阿米巴经营依靠的则是人心。

相较于泰勒的科学管理模式，阿米巴经营模式则是一种“以人为本”的文化管理模式。所谓文化管理，就是指从文化的高度来管理企业，以文化为基础，强调人的作用，重视团队精神。阿米巴经营强调企业精神，重视文化的力量，因而拥有极强的凝聚力。在这种模式下，全体员工都具备共同的价值理念和共同的奋斗目标。

当然，文化管理也是建立在科学管理之上的一种管理方式，包含了科学管理的一部分合理内容，如科学的决策机制、严格的制度管理、追求最大的工作效率等，但文化管理的重点在于人的思想和观念。也就是说，阿米巴经营的一切经营管理活动都是以人为中心的。

首先，通过实现全员参与的经营来化解劳资对立矛盾。

在科学管理模式下，劳资纠纷频繁发生。而在阿米巴经营模式下，经营者尊重每位员工的立场和权力，并且将“追求全体员工物质和精神两方面的幸福”作为企业理念，营造出一种团结奋斗的企业风气。因而经营者和员工能够像家庭成员一样互相理解、互相鼓励、互相帮助，劳资双方团结成了一个整体，一线的每位员工都成为主角，开始主动参与经营，进而实现了“全员参与的经营”，化解了劳资对立的矛盾。

其次，通过建立薪酬导向策略来提高员工工作的热情。

阿米巴经营激励的方法很多，但是薪酬可以说是一种最重要的、最易使用的方法。在员工的心目中，薪酬不仅仅是自己的劳动所得，它在一定程度上代表着员工自身的价值、代表阿米巴组织对员工工作的认同，甚至还代表着员工个人能力和发展前景。

阿米巴采用的薪酬模式主要有三种：一是以职位为核心，即通过对岗位的职责、劳动强度、劳动条件等因素的测评，按岗位相对价值的高低来决定员工的工资水平，以岗定薪，易岗易薪。二是以业绩为核心，即根据员工的业绩表现来确定其工资水平。绩效工资的优点是对员工具有较强的激励性。三是以能力为核心，技能薪酬是根据员工能力、所掌握的知识和技能来确定员工的工资水平。无论是哪一种薪酬模式，最终目的都是给员工一种公平的感觉，提升员工的满意度，促进企业整体绩效的提升。

最后，通过量化分权来帮助员工经营。

企业的经营主体是员工，因此应该将经营权交给员工，让员工来经营企业。阿米巴经营是一个责任系统，通过权力下放，充分给予员工经营权力，指导员工进行独立核算，使员工的利益与企业的利益相结合，让员工真正成为企业的主人。同时，通过采取透明经营手段，使员工可以清楚地了解企业的经营状况，从而指导员工更好地经营。

总的来说，阿米巴经营作为一种文化管理模式，与科学管理模式相比具有更多的积极作用。一是凝聚作用。阿米巴经营企业的目标构成了员工奋斗的共同理想或愿景，使员工的心凝聚到了一起。二是激励作用。文化管理模式不仅注重物质激励，更重视精神的激励，注重满足员工的感情诉求。三是塑造作用。阿米巴经营强调，员工之间要具有很强的团队精神，只有互相协作，企业的竞争力才会增强。

从管理模式发展的总体趋势来看，文化管理是适应现代社会经济发展的必然选择。阿米巴经营模式以人为本，重视人的作用，充分汲取了文化管理的精髓。因此，蕴含东方智慧的阿米巴经营模式，更适合东方国家的企业。

原则之差：条块式与整体观

条块式管理模式强调的是“个体观”和“分割论”，作为西方企业普遍采用的一种模式，其在一定时期内对西方企业的经济发展产生过一定的积极作用。但是在当今社会，尤其是东方国度，“和”已经成为经济发展的主流，因此这种以“分”为主的管理模式开始显现其时代与地域的局限性，已然不能为东方企业所用。在东方企业中，取而代之的则是蕴含东方整体观的阿米巴经营模式。

⊙ 条块管理，百弊丛生

条块式管理模式是指既按职能进行管理又按属地进行管理的一种纵横交错式的管理模式。这种管理模式通过条块分割把企业分割成一个个部分，使其成为各种职能的集合体，甚至把员工也固化在了一个分工的角色上。

在条块式管理模式下，从“分工”到“分权”都是围绕“如何谋求最高劳动生产率”这个核心问题进行的，忽视了员工的利益，因而极易造成劳资矛盾。另外，两个管理系统之间是彼此孤立、互不联系的，因而又极易造成管理混乱。随着时代的变迁，这种弊端尽显的管理模式已经无法保证企业的长久发展，更无法适用于东方企业。具体来说，条块式管理模式的弊端如下：

第一，条块分割容易造成企业结构松散，人心涣散。

条块式管理将企业分割成一个个子系统，并且每个子系统都是各自封闭、互相对立的，与东方的整体观念完全相背离，因而极易造成公司组织结构松散。这在这种分裂的组织结构中，员工和各部门在执行上级下达的决策时，彼此之间无法实现有效的协作，遇到问题时也无法进行有效的沟通和交流。

另外，条块式管理模式重视的是“个体”，追求的是“最高劳动生产率”，完全忽视了员工的利益和能动作用，因而极易造成劳资矛盾，使得人心涣散。在这种模式下，员工只考虑自身的利益，每天也只是在机械地完成自己的工作任务，并没有从整体上分析问题和解决问题。这种模式在短时间内确实使员工的工作效率得到了提升，但是要想实现企业的长久经营，关键还是要将人心凝聚起来，并努力培养管理者和员工的全局意识和整体思维。

第二，纵横交错的管理体制容易造成企业内部管理混乱。

纵横交错的管理体制容易造成管理者的权责不清，因而企业各层的管理者也就难以规范使用自己的权力，因此就会造成管理混乱。东方企业讲究“不在其位，不谋其政”，而在西方企业内部，销售部门的领导可以任意指导制造部门的工作；高层领导可以随随便便否决中层领导的决策；下级部门也可以不参加上级部门组织的会议；等等。这种管理乱象在实行条块式管理的企业内部十分严重。

在这种混乱状况下，由于没有统一的管理制度的约束，企业各部门感受不到压力，因而自我管理和自我约束也将变得难以实现。如此一来，公司的管理系统就会陷入瘫痪的境地。

第三，隶属关系强化容易削弱员工的工作积极性。

在条块式管理模式下，各部门没有自身管理权，所有的决策和制度都来自高层。由于上级部门往往会迫使下级部门按其指令行事，因而企业各部门无法充分发挥自己的主动性去进行自主管理。这样一来，当高层制定的决策不符合一线的实际情况，而员工又不得不执行时，其工作的积极性就会大大降低。

在西方企业中，这种上下级的隶属关系极易削弱员工的工作积极性。员工的创造性思维对于企业的发展是至关重要的，当员工失去了工作的激情，也就失去了创造性思维，企业也就因此失去了生机。

抛开“科学”这个“神圣的外衣”，西方条块式管理模式的弊端已经尽显无遗。而在东方企业管理中，重“整体”、重“全局”的阿米巴经营模式则在尽力展现着自己的独特魅力，滋养着东方企业。

⊙ 人企合一，天人相应

相较于西方条块分割式的管理，阿米巴经营模式深受东方文化的影响，强调的是从整体上对企业进行管理。阿米巴经营要求管理者和员工都要具备全局意识和系统思维，要能够从整体上把握企业的经营状况。

从宏观上来说，阿米巴经营模式的整体观主要包含三个层面：一是企业自身的整体性；二是企业与人的整体性；三是企业与外部环境的整体性。

首先，企业内部各个部门之间是相互联系的整体。

中医学把人体看作一个有机的整体，认为人体各个部分之间是有机统一的。阿米巴经营的整体观也首先表现在管理者把企业看作一个有机的整体、一个完整的系统，认为企业内部各个部门之间是彼此协调、相互联系的。而西方管理者则将企业分割成一个个彼此孤立的部分，破坏了企业的协调性和整体性。

另外，西方治企只是简单的“头痛医头，脚痛医脚”，容易造成“旧病复发”。而阿米巴管理者认为，企业如同人体，管理部、生产部、市场部、财务部、销售部等这些部门就像人体的五脏六腑，是有机联系在一起的。当企业内部的某一个“器官”出现了问题，管理者必须运用中医系统思维，从整体上对其进行“治疗”，综合运用“四诊法”，以此来全面掌握企业的“病症”，从而“对症下药”，帮助企业机体恢复健康。管理者只有具备全局意识，从整体出发，才能全面深入地了解问题、分析问题、解决问题。

其次，企业与员工之间是有机统一的整体。

在西方管理体制下，员工与企业的利益并不是统一的，虽然每个人都在追求高生产率，但都是为了实现自身利益，大家并不在乎企业的整体利益是否能够实现。而在阿米巴经营模式下，员工对企业拥有极强的认同感和归属感，企业就像一个大家庭，每个员工都在为了让自己的家园变得更美好而努力工作。

阿米巴经营能够实现人企合一的关键就是推行哲学教育。哲学教育是凝聚人心的关键，是企业经营的根基。企业上下只有同心同德，才能发挥合力创造出更多的效益。为此，稻盛和夫带领大家一起制定了经营哲学，并通过每日诵读，使共有观念真正地深入了人心。

人企合一是企业生存发展的根本。员工对企业的认同感关乎着企业的命运。企业要想发展，就需要动力支持，而这动力便来自于人。企业只有将人放在第一位，才能凝聚人心，从而使员工富有积极性、创造性地工作，为企业的发展做出更大的贡献。

最后，企业与外部环境之间是密切联系的整体。

与西方僵化的管理体制不同，导入阿米巴经营模式的企业则对变化着的经济环境具有极强的动态适应能力，拥有旺盛的生命力，能够及时、灵活地调整产品结构、销售策略以及经营计划等，实现蓬勃发展。

中医治病讲究“天人相应”，就是说人与自然界是密切联系的，医者在为病人诊治时要根据天地自然界的变化来适时地调整诊治方案。同样，阿米巴经营将企业视作一个整体，认为企业是一个完整的动态开放系统，也在不断地与外界发生物质和能量的交换，以此来维持企业机体的生命。因此，阿米巴管理者在经营企业时，能够根据外部社会经济环境的变化来制定方针政策，并适时地做出调整。

在当今这个时代，“分”已然不符合经济发展的要求，“和”才是企业管理的必然选择。作为一种蕴含东方整体观的管理模式，阿米巴经营管理模式与西方条块式管理模式相比具有无可比拟的优越性，能够为东方企业注入源源不断的发展动力。

结果之异：习得做事与懂得做人

一方文化孕育一方企业。西方企业受个体文化的影响，其管理模式重视标准化、制度化建设，忽视了人的能动作用和集体之力。在这种模式下，员工为了追求自身利益，每天都在机械地按照“科学”方法进行“高效”工作。而东方企业深受儒家“仁”文化与“和”文化的影响，管理模式则更倾向于人性化，员工也更重视他人利益与集体利益。因此，相较于西方企业注重的做事之术，东方企业倡导的则是为人之道。

⊙ 做事之术，为人之道

西方管理的根本目的是谋求最高劳动生产率。西方管理者认为实现这一目的的根本方法就是实行标准化管理，让工人在标准设备、标准条件下工作，只有这样，员工才能够掌握科学的工作方法和步骤，从而高效率地完成自己的工作任务。

因此，为了达到最高的生产效率，西方管理者创造出了一系列标准化的操作技术和管理方法，如制定标准的作业时间，制定合理的日工作量，对工人进行专业技能培训等。可以说，标准化的管理模式确确实实使员工掌握了“精湛”的做事之术。

不可否认，这种注重逻辑、崇尚实证的西方管理模式确实具有一定的科学性，其标准化的作业流程也能够帮助员工进行高效工作。但是该模式过于追求标准化和制度化，只是通过制定各种制度来要求员工，完全忽视了人的主观感受和能动作用，更没有让员工真正懂得正确的为人之道。因此，这种模式并不利于企业的长久经营，更无法适用于东方企业。

与追求最高生产率的西方管理模式不同，阿米巴经营的核心则是“敬天爱人”。“敬天爱人”包含有敬畏之心、感恩之心、利他之心，是一切美好未来的起点。稻盛和夫认为，所谓经营只能是经营者人格的投影，因此，要想在企业经营中获得成功，首先必须要具备做人的正确判断基准。

那么，作为人，何谓正确？大道至简，这种判断基准就是以人的良心为基础的，如“不能欺骗”“不许撒谎”“必须正直”等，这是每个人都必须具备的最基本的道德观，也是每个人都必须明白的最简朴的道理。在进行判断时，人不能只看这件事是否对自己有利，而是要以“具有普适性的、正确的为人之道”来做出判断，即阿米巴经营所倡导的“利他之心”。

“利他”应该成为每个人都具备的德行和修养。一个人，如果只以自我为中心，将利己心作为判断基准，势必只会做出错误的判断，更无法得到别人的帮助，从而导致自己陷入孤立无援的处境。而常怀“利他之心”的人，在身处困境时也能够得到他人的帮助，通过互帮互助，就能够把工作做得更好。

“利他”不仅是为人之道，同样也是企业经营之道。企业作为一种营利性组织，除了追求利润，更应该强调“利他”。对于企业来说，“利他”的“他”就是指客户，包括顾客、员工、社会和利益相关者。企业要从“企业本位”转向“客户本位”，要一切从顾客的角度考虑问题，满足顾客的要求，全心全意为客户服务。

只要竭尽全力为客户创造价值，企业自然就可以获得利益。正如清朝名医徐大椿在《医学源流论》中所说：“声名日起，自然求之者众，而利亦随之。若专求利，则名利必两失，医者何苦而蹈彼也。”以“利他之心”作为判断基准的企业，必然能够在经营中取得成功。

阿米巴经营模式向员工传授的不仅仅是做事之术，更重要的是为人之道，即“利他之心”。只要以利他之心作为判断基准，无论在企业经营中还是在人生实践中，心怀纯粹的愿望并不懈努力，就一定能够迎来美好的未来。

⊙ 懂得做人，以道驭术

一个医者，即使拥有精湛的医术，但若不懂为人之道，不注重医德修养，也会危及病人的生命；一个员工，即使拥有高超的操作技术，但若不懂为人之道，不注重团队协作，也无法促进企业的发展。

相较于西方只重“术”而轻“道”的管理模式，阿米巴经营则更注重提高员工的心性。稻盛和夫坚信只要以做人之道来“驾驭”做事之术，企业就一定能够走上“正道”，基业长青。而“利他”作为阿米巴经营倡导的做人之道，内涵丰富，意蕴深远。

一是深怀感谢之心。

一个人想要有所成就，依靠的绝不是单枪匹马，只有得到了顾客、同事以及家人的帮助与支持，才能充满热情地工作，出色地完成任务。因此，每个人都应该怀有感谢之心，感谢那些曾给予自己帮助的身边人。因为有他们，才会有今天这个更好的自己。只要常怀感谢之心，与大家成为互相倾心的伙伴，就能促进彼此事业的共同发展；只要深怀感谢之心，以美好的心灵面对人生，人生就会变得更加灿烂美好。

二是保持谦虚的姿态。

稻盛和夫曾说:“在企业经营中，员工的心能否凝聚在一起，形成合力，共荣辱，同进退，关键在于每个人都要意识到‘有了大家才会有自己’，保持这种谦虚的态度很重要。”如果一个人总是以自我为中心，骄傲自满，忽视团队的力量，那么这个人必将走向失败。

谦虚是一种修养，也是一种美德。谦虚对于人生和经营的滋养作用，需要每个人在实践中用心感悟。在人生历程中，一个人只有保持谦虚的姿态，不断地向他人学习，取人之长，补己之短，才能收获巨大的成功。在企业经营中，如果所有员工都怀有谦虚之心，必然能够营造出一片轻松和谐的工作氛围，从而轻松高效的工作。

三是为伙伴尽心尽力。

稻盛哲学的核心是“利他”，而“利他”的核心莫过于为伙伴尽心尽力。在企业经营中，稻盛和夫一直致力于建立一种心心相印、互相信赖的伙伴关系。在稻盛和夫看来，经营者与员工之间并非上下级的关系，而是怀揣着同一个梦想，为了实现同一个目标而相聚在一起的伙伴关系。

那么，怎样才算是为伙伴尽心尽力呢?经营者要想员工之所想，急员工之所急，以对待亲人朋友的姿态对待每一位员工。只有这样，才能构筑一种互相信赖的伙伴关系，发挥员工之合力。京瓷之所以取得巨大成就，就是员工同心同德、努力奋斗的结果。

四是坚持公平竞争的精神。

企业与企业之间要坚持公平竞争的原则，光明正大地开展自己的经营。同时，在企业内部，员工与员工之间也要进行公平的竞争，每位员工都必须摒弃唯利是图的想法，堂堂正正地与伙伴进行较量。公平竞争能够调动员工工作的积极性，保持对工作的热情。而不正当竞争只会使自己误入歧途，损人又害己。

五是做出无私的判断。

在日常生活和工作中，每个人都应该保持纯真之心，抑制利己之心。在判断事物时，要不断地问自己：为人处世是否正确，是否夹杂着私心。如果一个人经常把“私”字放在首位，忽视大家的利益，那么就无法获取大家的关心和帮助，工作也就无法顺利完成。

在做一项决定时，哪怕只是夹杂了一点私心，都有可能造成严重的后果。因此，在将一件事情付诸实践时，必须要判断自己的动机是否善良，是不是有损他人的利益。只有动机至善，私心了无，以纯真之心待人处事，才能够把握人生的正确方向，取得辉煌成就。

总而言之，授人以“术”不如授人以“道”。以高尚的德行来“驾驭”做事之术作为阿米巴经营的精髓，是员工幸福之源，是医者行医之基，是企业经久不衰之秘。

“中”学为体，“西”学为用

“中学为体，西学为用”是清末洋务派的指导思想，主张以中国儒家之学为本，以西方科技之术为用。从企业管理角度来看，“中体西用”则是指以阿米巴经营理念为东方企业管理之本，以西方科学管理工具和方法为应用。因而“中体西用式管理”是一种既蕴含东方文化内涵又具有西方科学管理内容的管理方式。

⊙ 对症施药，“中”学为体

对症施药是医者治病的关键，也是企业管理的关键。企业要想获得长远发展，就必须找到一套适合自己的经营管理模式。于东方企业而言，蕴含“以人为本”思想内涵的阿米巴经营模式，具有独特的魅力和历久弥新的价值，无疑是东方企业管理之本，“对症之药”。

阿米巴经营的一切活动都是以人为核心的，这种价值导向使得其与深受儒家文化影响的东方企业能够进行更好地融合，并且这种融合更多地体现在价值观念上，而不是技术层面。

在经营目标上，阿米巴经营以实现全员参与的经营为价值追求。阿米巴经营倡导人人都是经营者，通过权力下放，使每位员工都成为经营者，如此一来，企业的发展就有了源源不断的动力。而西方企业管理的经营目标则是谋求最大劳动生产率，在这种目标追求下，资本家对员工的剥削情况较为严重，因而极易造成劳资矛盾。

在管理格局上，与西方重个体的管理格局不同，阿米巴经营模式倡导企业的一切经营活动都要从整体出发，以企业战略目标和整体利益为重。这种蕴含东方整体观念的管理模式才更适合东方企业。

在管理方式上，西方的管理模式过于强调制度化和标准化，一般较为僵化，而阿米巴经营模式的特点则是灵活多变。阿米巴经营将企业划分成多个灵活的小阿米巴，当市场经济环境发生变化时，各个小阿米巴就会对组织计划、策略、目标等进行灵活的调整，使其达到最佳状态。

在处事原则上，阿米巴经营以情为基础、以理为本、以法为末。“重情重义”是东方文化核心价值的一个重要体现。“动之以情，晓之以理”亦是阿米巴经营所倡导的最基本的处事原则。阿米巴管理者认为，治企的核心就是经营人心，因此就需要以情为基础，以情动人、以理服人，而不是像西方企业管理一般，以法为本，以制度约束人。

东方企业追求的是整体利益，重“中庸和合”，而轻“是非对抗”。因此，当涉及企业组织的目标追求和价值导向时，要以“中体”为主，而不是一味地追求“西用”，盲目地将西方的“个人主义”价值观念运用到东方企业管理中。

当然，随着社会经济环境的不断变化，西方企业管理的价值观念可能会有一部分融入到东方企业管理中，如既要追求整体利益又要兼顾个人利益，既要以情动人又要以法治人，既要追求公平又要兼顾效率等。但阿米巴经营作为东方企业管理之本，其核心价值是长久存在、不可动摇的，“天人合一”的价值观念会一直发挥其作用，推动东方企业的发展。

正确的经营理念是企业获得效益的关键。对于东方企业管理而言，蕴含东方文化内涵的阿米巴经营理念就是“对症之药”，能够帮助企业获得长远发展。无论经济环境如何变化，东方企业都要始终以阿米巴经营理念为本，坚守本国文化的主体地位。

⊙ 因地制宜，“西”学为用

东方企业在经营管理过程中会遇到很多问题，因而为了谋求更好的发展，企业就需要寻求新的突破口，即在坚持以“中”学为体的同时，辅以西方的科学技术为应用，如引进西方的精细化管理、目标管理、绩效考评、PDCA 循环等一系列管理工具和方法，以提高企业的生产效率，化解经营危机。

西方的科学管理在经验管理的基础上发展而来，具有很大的进步性。如西方管理十分重视决策过程，西方的管理者甚至认为管理就是决策，科学决策是企业管理的关键，因而其制定了科学的决策流程：搜集资料、拟订方案、选定方案、评价方案等。西方管理者还倡导在进行决策时要尽量减少个人主观感受，尽量使用数量方法以保证决策科学准确。因而包含科学决策在内的一系列的管理工具和手段作为西方管理的积极部分，是值得东方企业学习的。

从适用范围来看，“西用”的内容主要包括三个方面：一是标准的操作流程。西方管理通过将一切经营活动都标准化，以此来帮助员工进行系统的学习。二是专业的生产技术。专业的生产技术是实现最大劳动生产率的关键，只有技术过硬，效率才会提升，因而西方管理者十分注重对员工进行生产技术培训。三是严密的规章制度。制度可以约束员工行为，保证员工更好地执行决策命令，因而制度建设在西方企业管理中也是不可或缺的。

西方的管理工具和方法具有一定的科学性和合理性，因而可以为东方企业所用。在企业管理中，“西用”也仅仅是指学习西方先进的管理工具和方法，而不包含价值观念。西方崇尚个人主义、追求效率最大化的价值观念与“中体”是相矛盾的，无法指导东方企业经营，因而不能作为“西用”的内容。

需要注意的是，学习西方的科学技术，必须结合本国的实际。西方的科学管理工具和方法虽然对西方企业管理发挥了重要作用，但是，这些科学的工具和手段，东方企业在应用时不能完全照搬，而是要因地制宜，汲取西方企业管理中的合理成分，根据东方企业自身的特点，灵活地加以运用。

“中体西用式管理”将东方的经营理念与西方的管理方法相结合，具有独特的特点和优势：一是符合东方企业管理的发展历史和现状，与东方文化传统相贴合。二是符合东方企业员工的思维方式。在一种文化形态下，改变人的思维方式是极其困难的，企业管理模式只有与之相适应，才能以最小的阻力和最低的成本提高企业的管理水平。三是弥补了东方企业管理在管理工具和方法上的短板。企业要想生存和发展，就必须追求效率、谋取利润，“中体西用式管理”就选取了符合东方企业操作的西方管理工具和方法，进一步提高了东方企业管理水平。

任何一种管理模式都是根植于自己的文化之中的，因而不能单纯地将西方管理模式完全复制到东方企业管理中。东方企业要想实现长久发展，就要采用“中体西用式管理”，以本国文化为主体，以阿米巴经营理念为管理之本，辅之以西方的科学技术为应用。当正确的经营理念和科学的管理制度相结合，企业机体就能够“百病不侵”，实现健康发展和长久繁荣。